쉽고 재미있는 바이올린 기초 이론

바이올린 이론 공부

차 례

일신서적출판사

선 그리기

점선을 따라서 그려 보세요.

점선을 따라서 그려 보세요.

 점선을 따라서 그려 보세요.

 점선을 따라서 그려 보세요.

오선

음표를 그릴 수 있는 다섯 개의 줄을 **오선**이라고 합니다.

오선을 따라서 그려 보세요.

다섯째줄

넷째줄

셋째줄

둘째줄

첫째줄

오선의 줄 이름을 따라서 써 보세요.

● 안의 숫자를 따라서 써 보세요.

다섯 개의 줄과 줄 사이를 칸이라고 합니다.

네 개의 칸에 색칠해 보세요.

넷째칸

셋째칸

둘째칸

첫째칸

오선의 칸 이름을 따라서 써 보세요.

넷째칸

셋째칸

둘째칸

첫째칸

안의 숫자를 따라서 써 보세요.

4   4

3   3

2   2

1   1

첫째줄은 ⬤ 색, 셋째줄은 ⬤ 색, 다섯째줄은 ⬤ 색으로 선을 그어 보세요.

둘째줄은 ⬤ 색, 넷째줄은 ⬤ 색으로 선을 그어 보세요.

첫째줄은 ⬤ 색, 둘째줄은 ⬤ 색, 셋째줄은 ⬤ 색, 넷째줄은 ⬤ 색, 다섯째줄은 ⬤ 색으로 선을 그어 보세요.

🎻 첫째칸은 ■ 색, 셋째칸은 ■ 색으로 색칠해 보세요.

🎻 둘째칸은 ■ 색, 넷째칸은 ■ 색으로 색칠해 보세요.

🎻 첫째칸은 ■ 색, 둘째칸은 ■ 색, 셋째칸은 ■ 색, 넷째칸은 ■ 색으로 색칠해 보세요.

오선에서 줄과 칸 종합 연습

동그라미를 따라 그리고, ◯ 안에 알맞은 숫자를 써 보세요.

동그라미를 따라 그리고, ☐ 안에 줄 이름을 써 보세요.

동그라미를 따라 그리고, ◯ 안에 알맞은 숫자를 써 보세요.

동그라미를 따라 그리고, ☐ 안에 칸 이름을 써 보세요.

줄 이름에 맞게 동그라미를 그려 보세요.

셋째줄　　　첫째줄　　　셋째줄　　　다섯째줄　　　둘째줄

칸 이름에 맞게 동그라미를 그려 보세요.

첫째칸　　　셋째칸　　　둘째칸　　　넷째칸

줄과 칸 이름에 맞게 동그라미를 그려 보세요.

첫째칸　　　둘째줄　　　넷째칸　　　첫째줄　　　셋째칸

셋째줄　　　둘째칸　　　넷째줄　　　다섯째줄　　　첫째줄

계이름 공부

올라가는 계이름을 따라서 써 보세요.

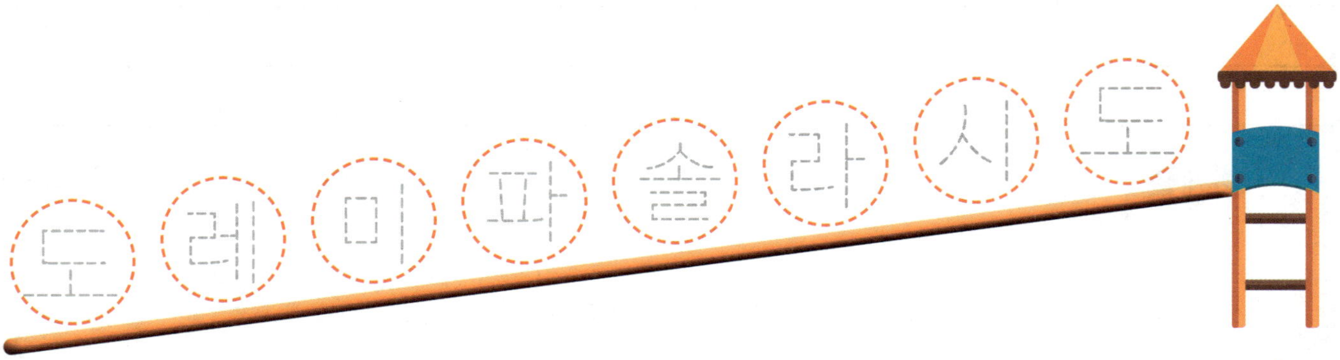

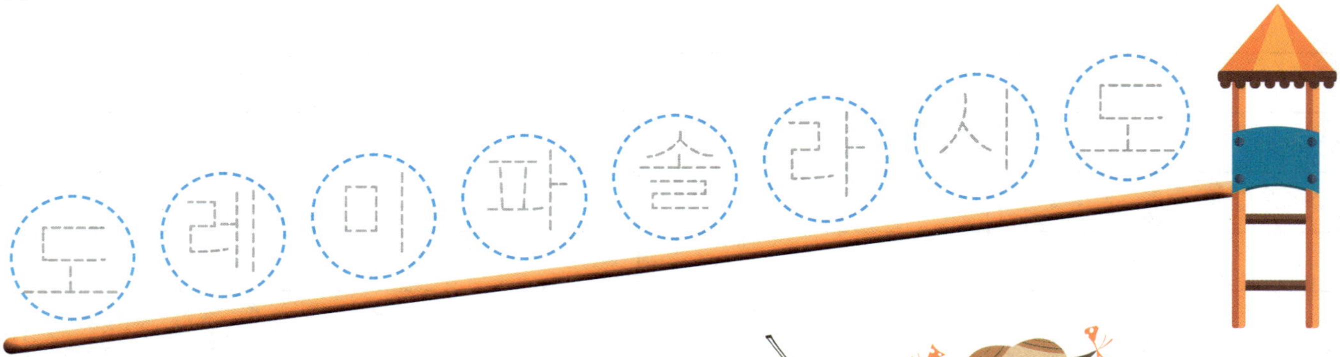

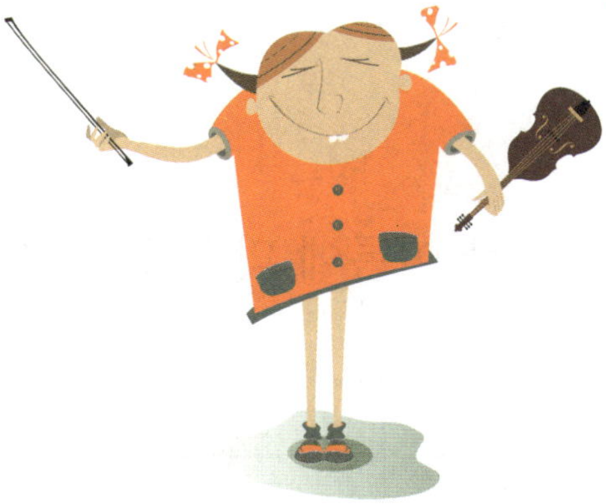

내려가는 계이름을 따라서 써 보세요.

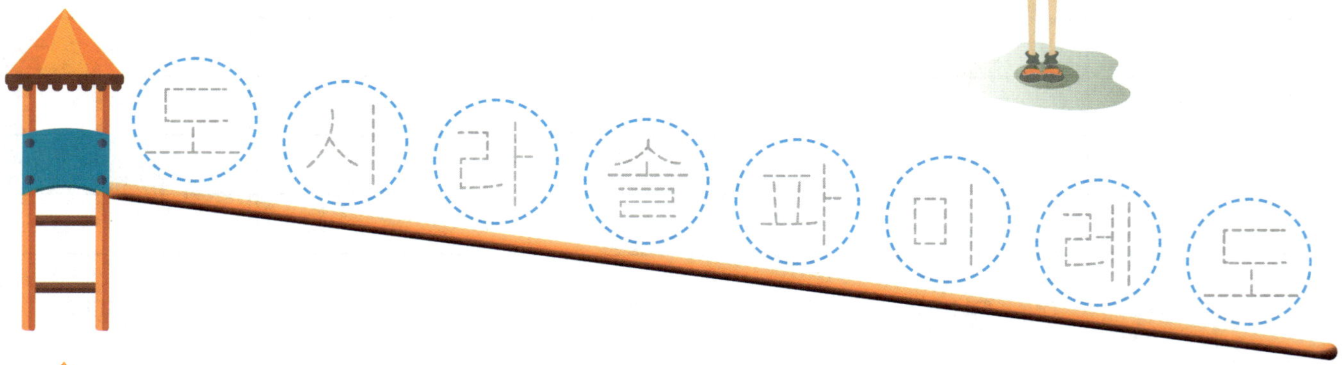

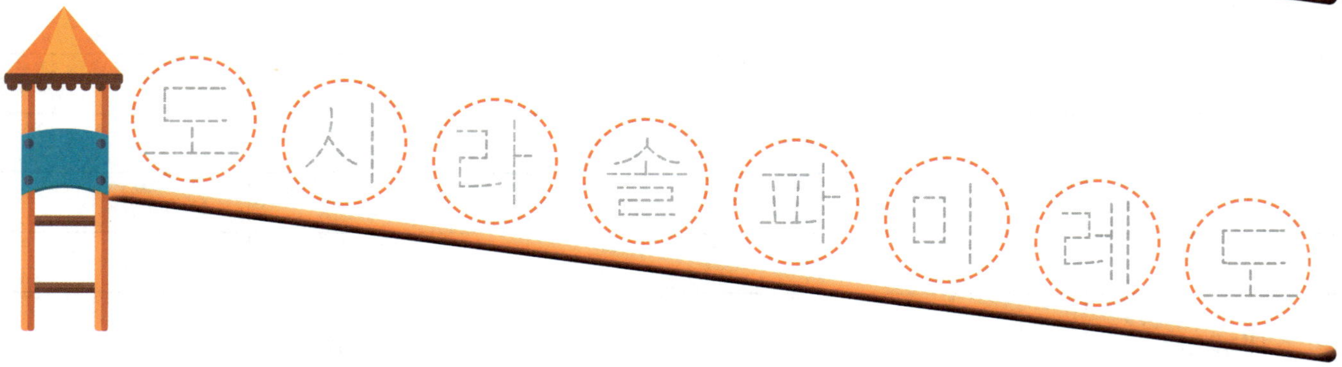

올라가는 계이름을 순서대로 써 보세요.

내려가는 계이름을 순서대로 써 보세요.

 올라가는 계이름의 빈칸에 알맞은 계이름을 써 보세요.

도 → ◯ → ◯ → 파 → ◯ → 라 → ◯ → 도

도	☐	미
파	☐	라
레	☐	파
라	☐	도
◯	레	◯
◯	시	◯

미	☐	솔
시	☐	레
솔	☐	시
라	☐	도
◯	파	◯
◯	도	◯

 내려가는 계이름의 빈칸에 알맞은 계이름을 써 보세요.

도 → ☐ → 라 → ☐ → 파 → ☐ → 레 → ☐

도	☐	라	
솔	☐	미	
시	☐	솔	
라	☐	파	
◯	시	◯	
◯	미	◯	

라	☐	파	
미	☐	도	
솔	☐	미	
미	☐	도	
◯	솔	◯	
◯	레	◯	

바이올린 구조와 명칭

따라서 써 보세요.

온음표

온음표는 4박입니다.

	이름	박 수	길이
o	온음표	4박	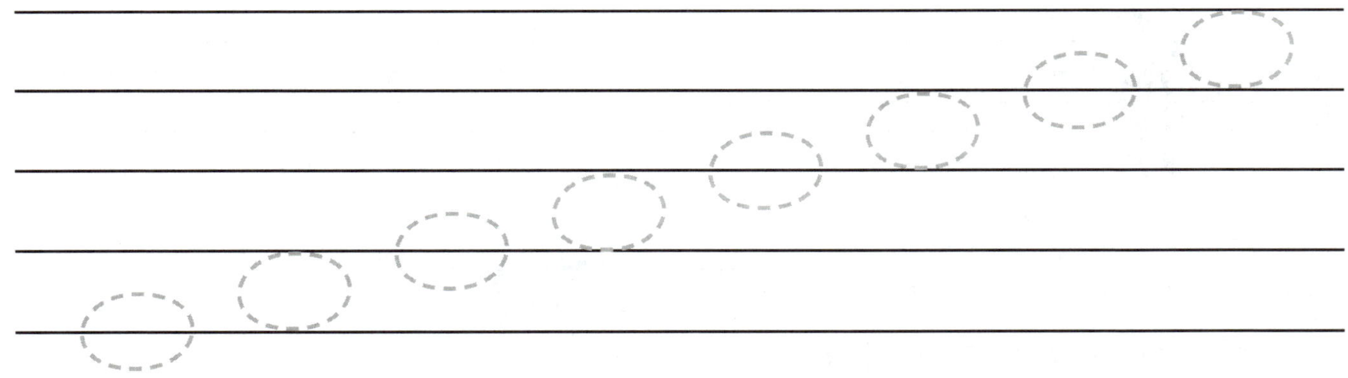

 온음표를 따라서 그려 보세요.

 온음표 이름을 따라서 써 보세요.

 # 음자리표와 덧줄, 덧칸

 따라서 써 보세요.

높	은	음	자	리	표
높	은	음	자	리	표
높	은	음	자	리	표

높은음자리표를 점선 따라서 그려 보세요(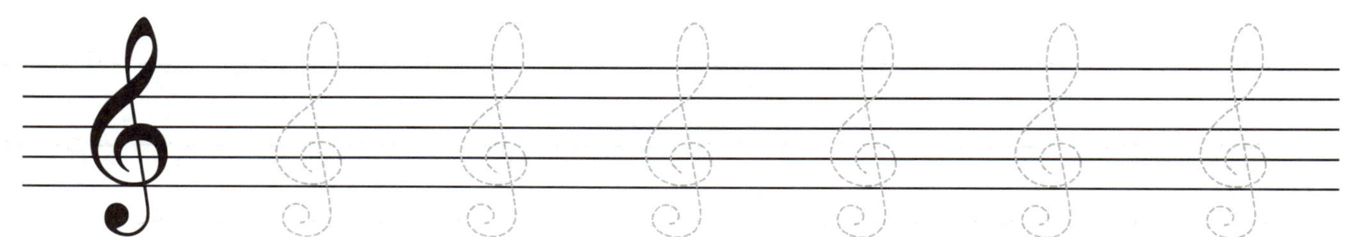).

올림표 ♯(샤프)

따라서 그리고, 써 보세요.

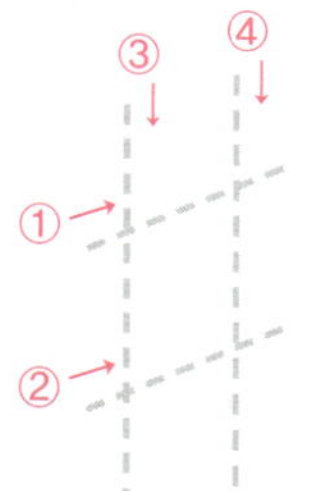
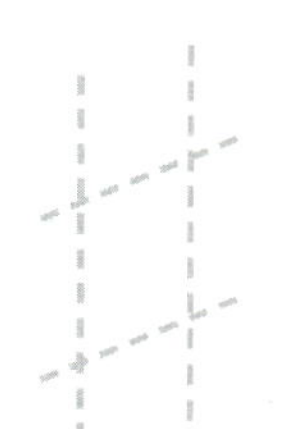
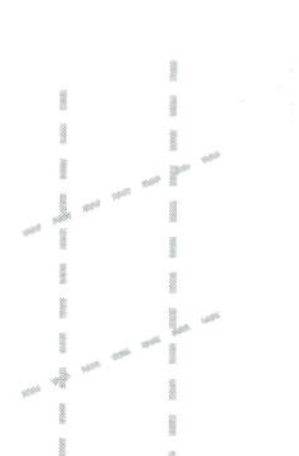
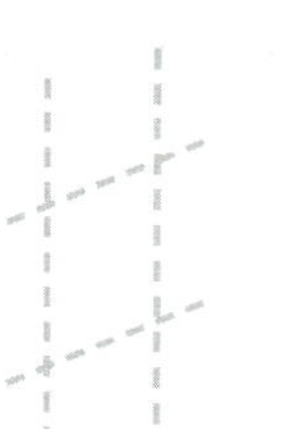
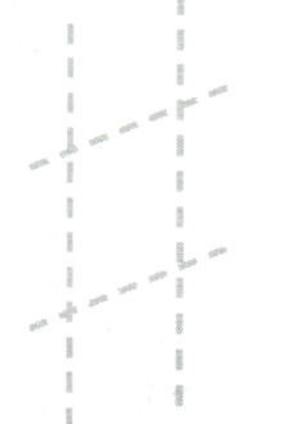

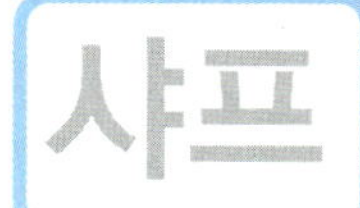

오선에 나타낼 수 없는 음들은 오선의 위와 아래에 짧은 덧줄을 그어서 나타냅니다.

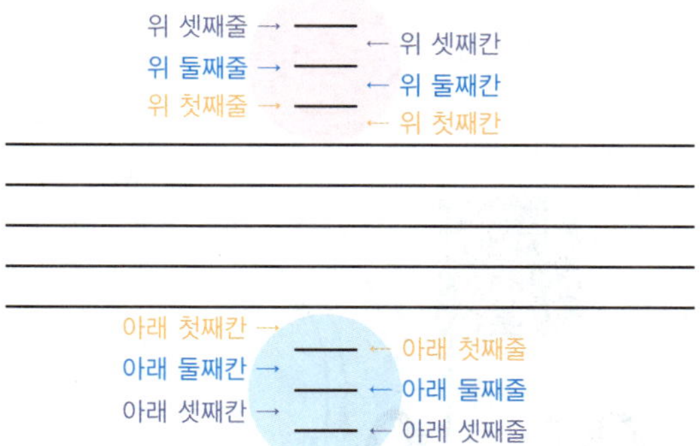

 덧줄의 이름을 따라서 써 보세요.

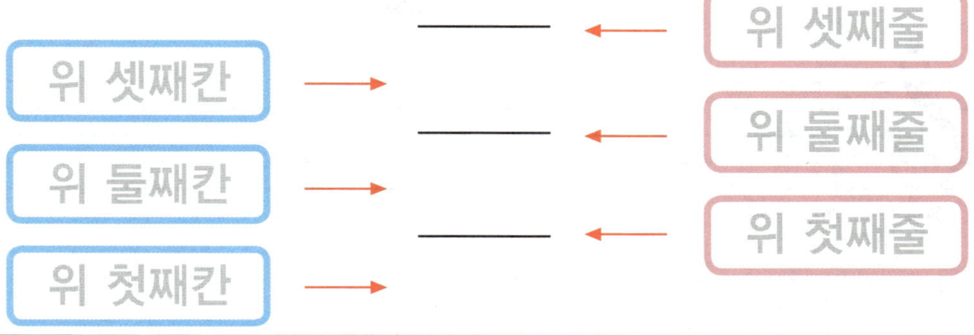

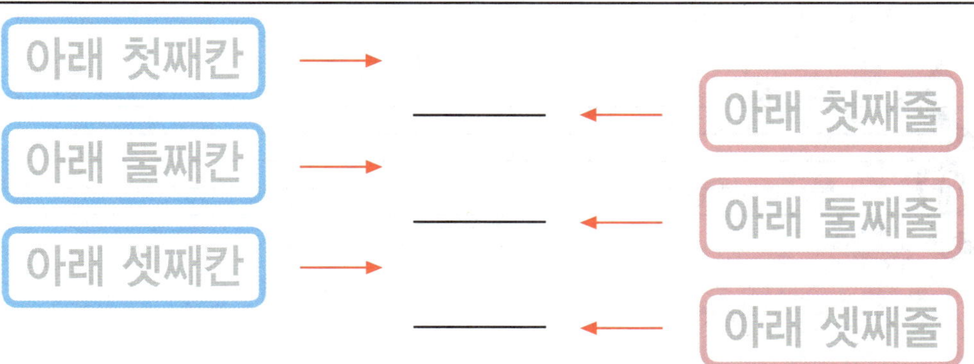

바이올린 개방현 계이름

바이올린의 손가락을 누르지 않고 소리내는 것을 개방현이라고 말합니다.
가장 굵은 줄부터 '솔, 레, 라, 미' 라고 합니다.

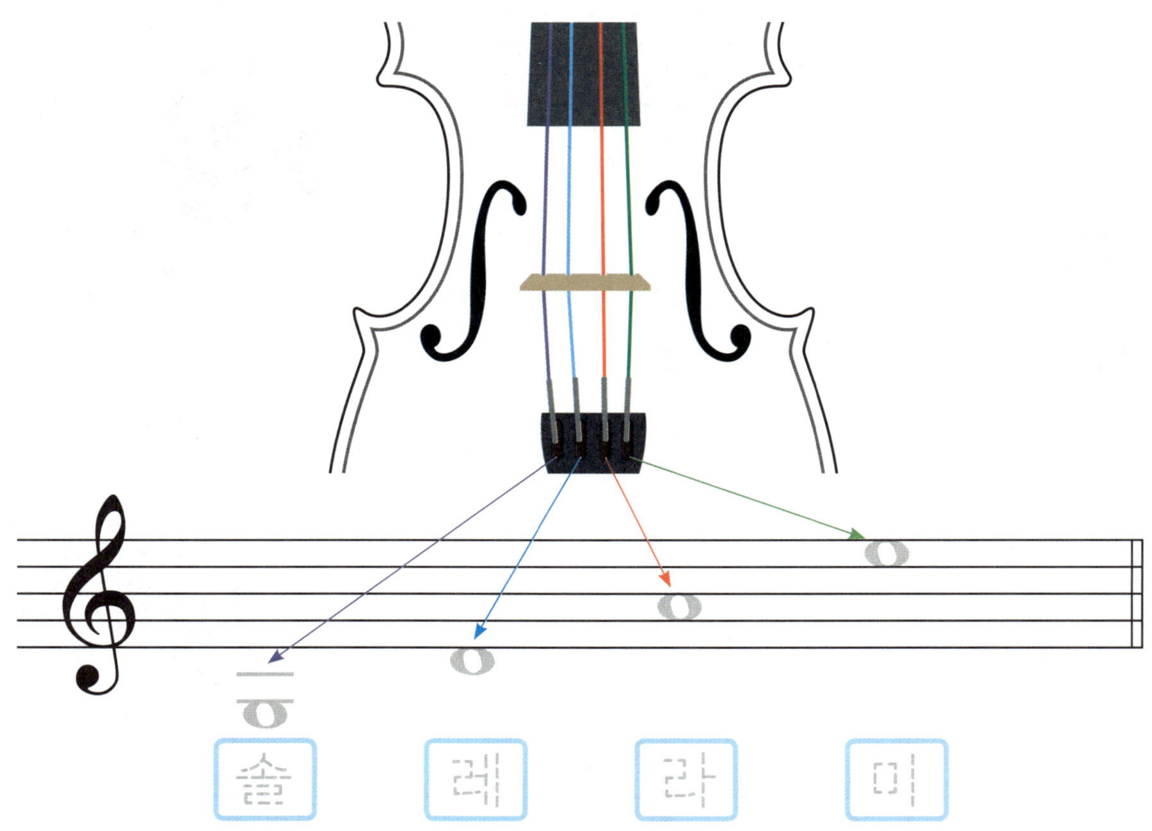

 온음표를 따라서 그리고, 계이름을 써 보세요.

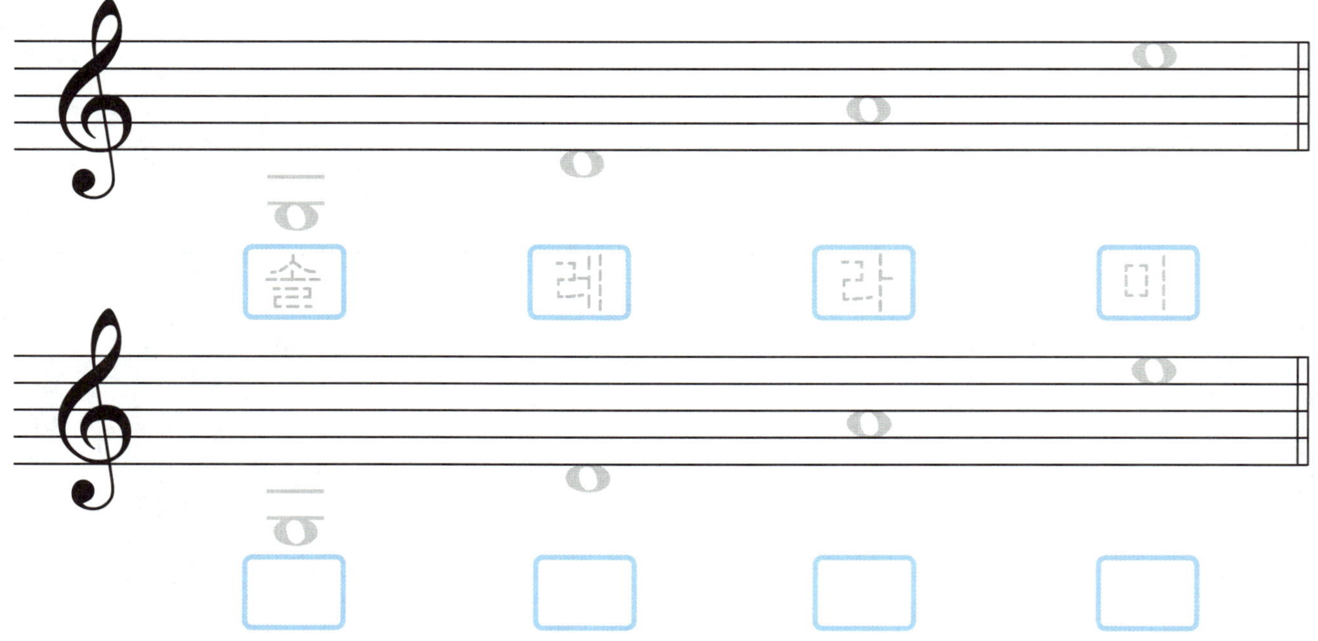

'미' 줄에 ● 초록색으로 그어 주세요.　'라' 줄에 ● 빨간색으로 그어 주세요.

'레' 줄에 ● 파란색으로 그어 주세요. 　'솔' 줄에 ● 보라색으로 그어 주세요.

개방현 줄 이름을 쓰고 색깔대로 선을 그어 주세요.

‘미’ 음은 개방현이므로 왼손가락을 누르지 않고 연주합니다.

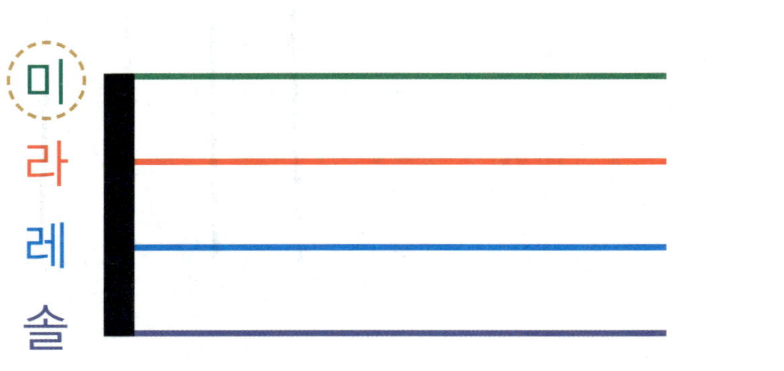

오선에서 넷째칸이 ‘미’ 자리입니다. 따라서 그리고, 써 보세요.

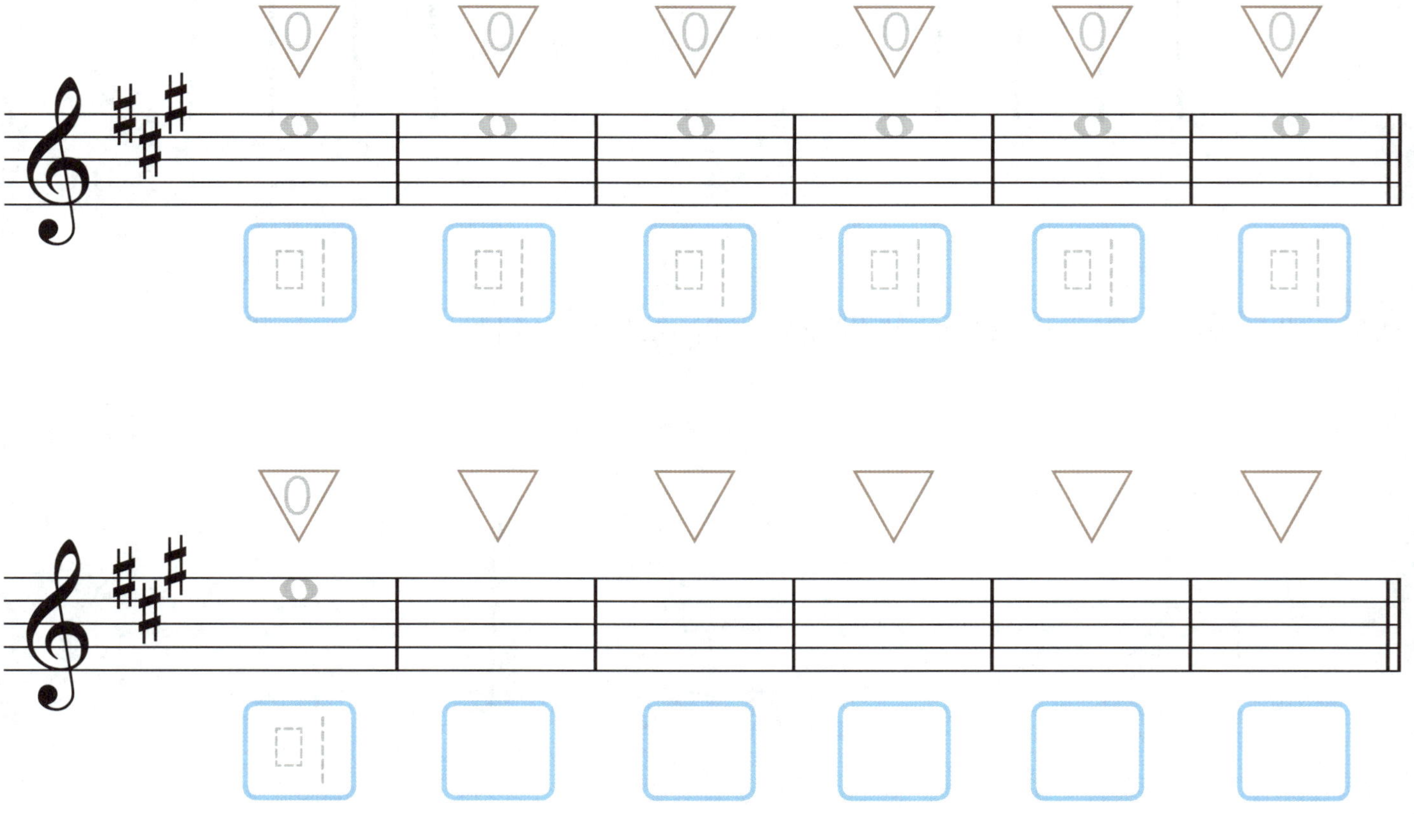

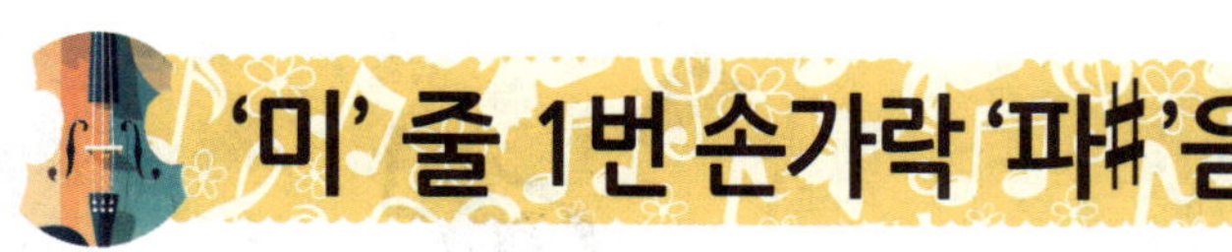

‘파♯’ 음은 ‘미’ 줄에서 1번 자리를 1번 손가락으로 누릅니다.

지판 위의 계이름을 따라서 써 보세요.

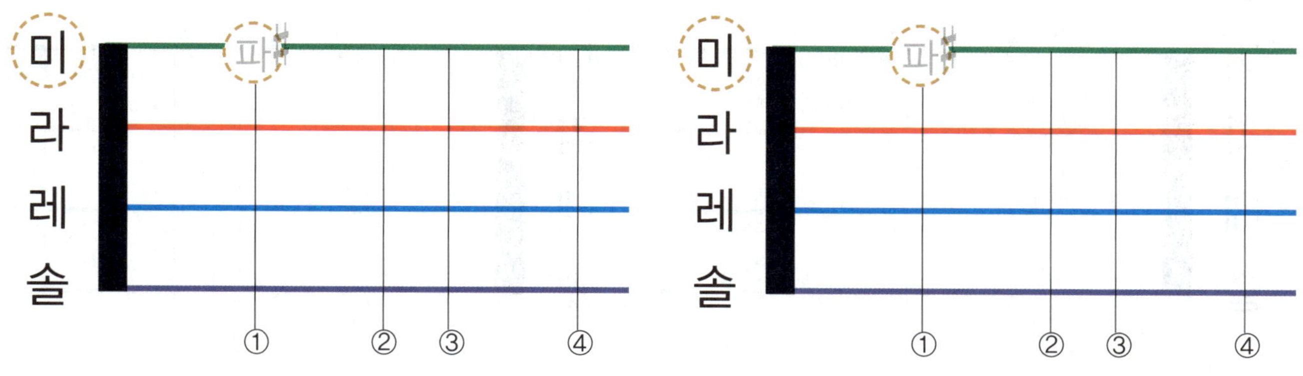

오선에서 다섯째줄이 ‘파♯’ 자리입니다. 따라서 그리고, 써 보세요.

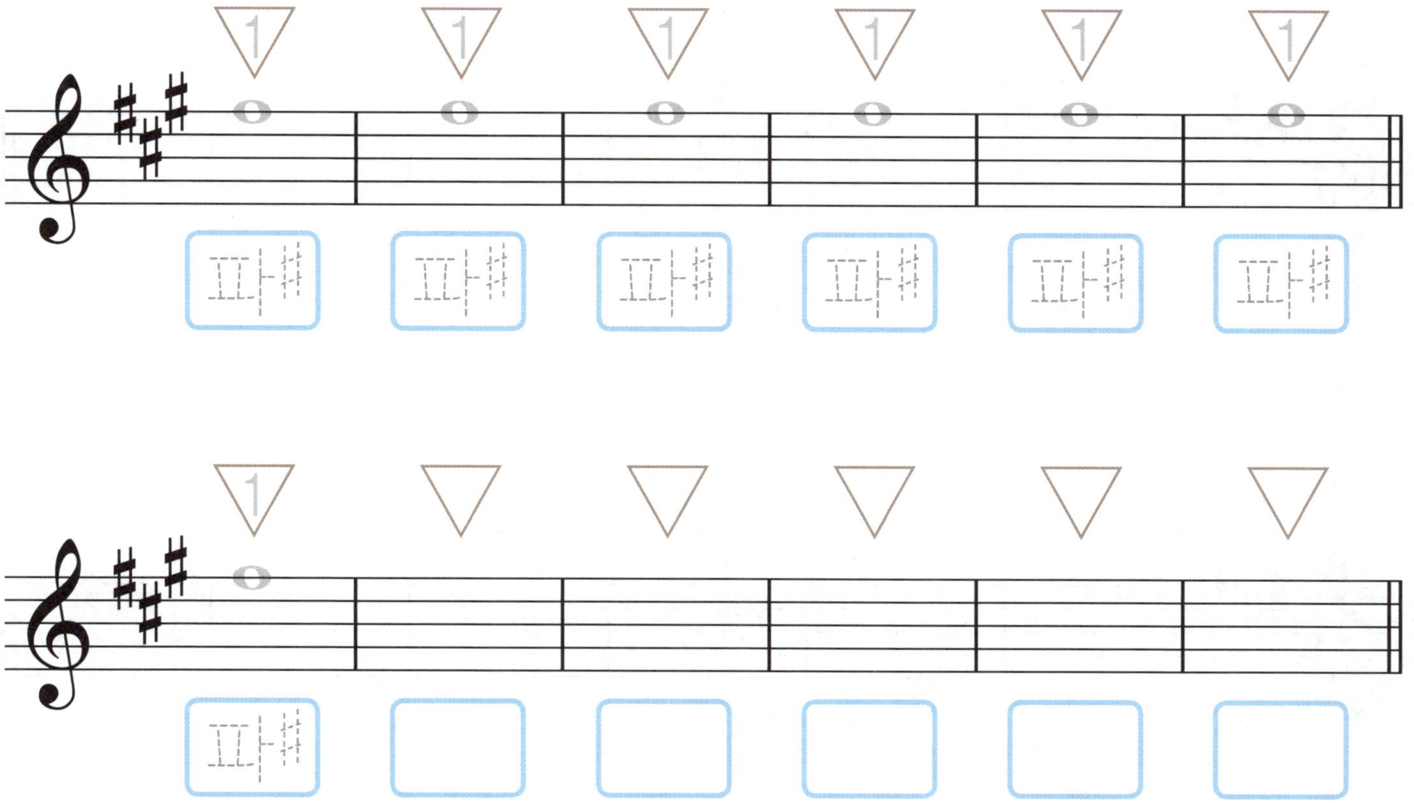

'미' 줄 2번 손가락 '솔#' 음

'솔#' 음은 '미' 줄에서 2번 자리를 2번 손가락으로 누릅니다.

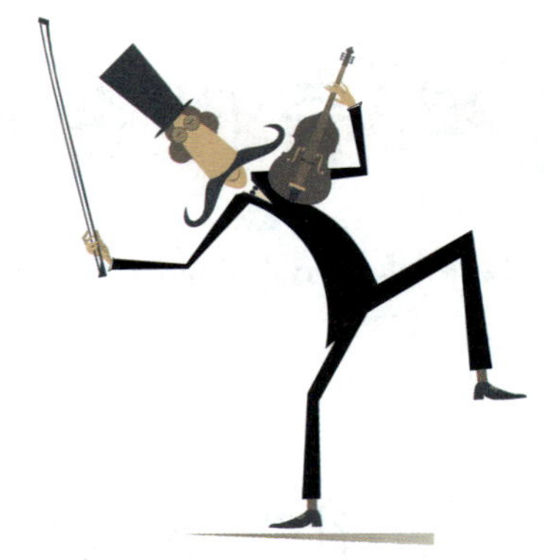

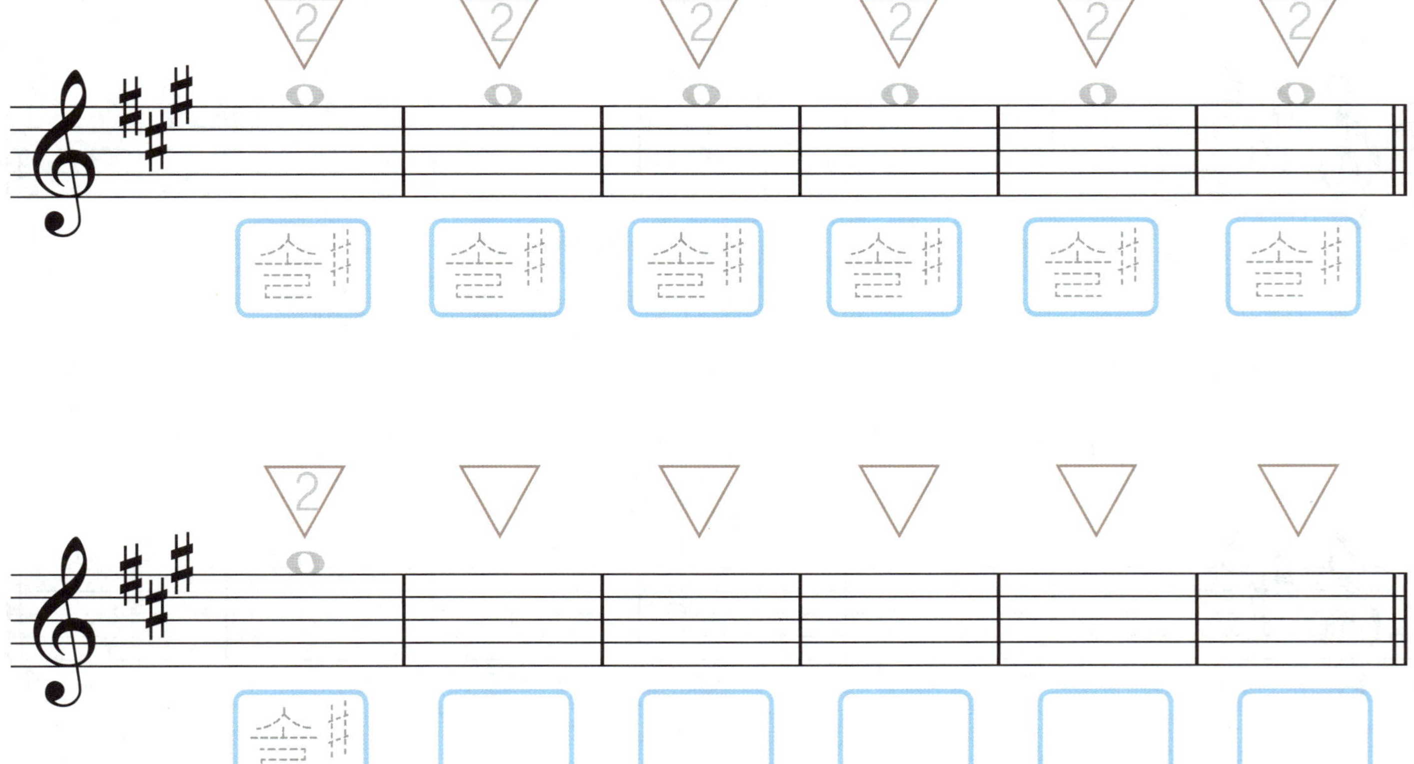

지판 위의 계이름을 따라서 써 보세요.

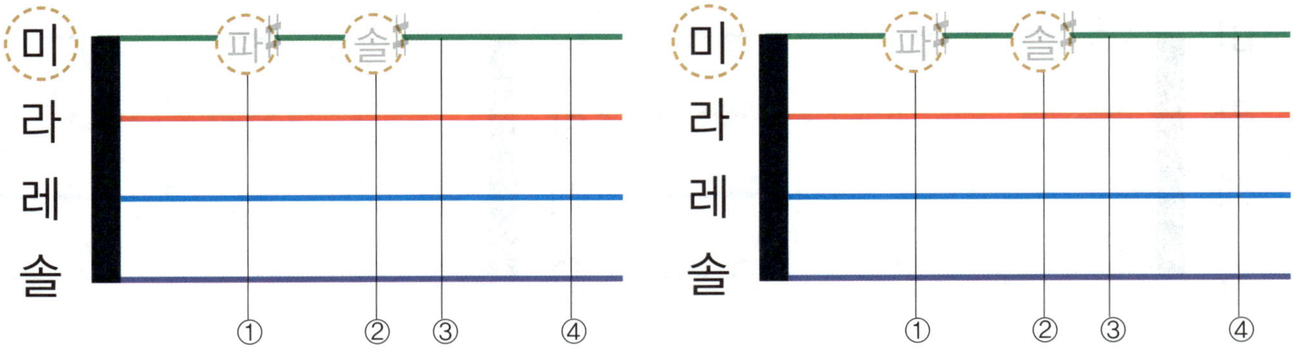

오선에서 위 첫째칸이 '솔#' 자리입니다. 따라서 그리고, 써 보세요.

'미, 파#, 솔#' 종합 공부

지판 위의 ◯안에 계이름을 써 보세요.

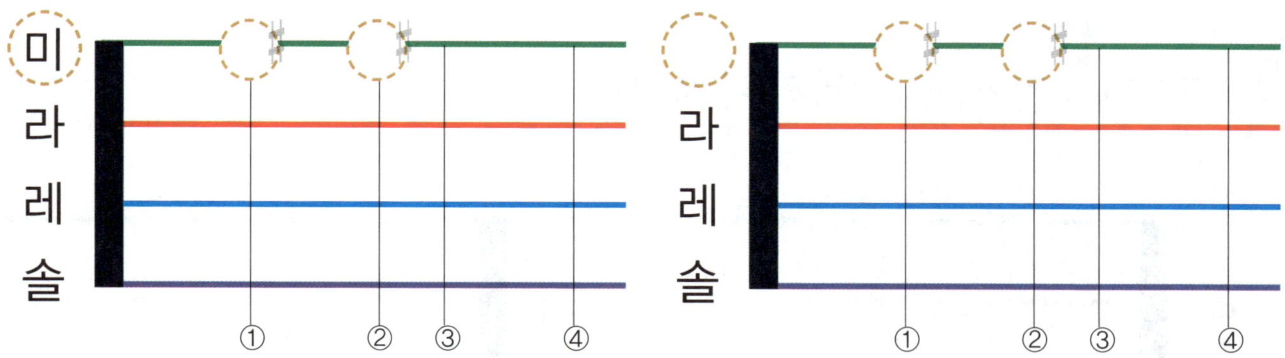

손가락 번호와 계이름을 써 보세요.

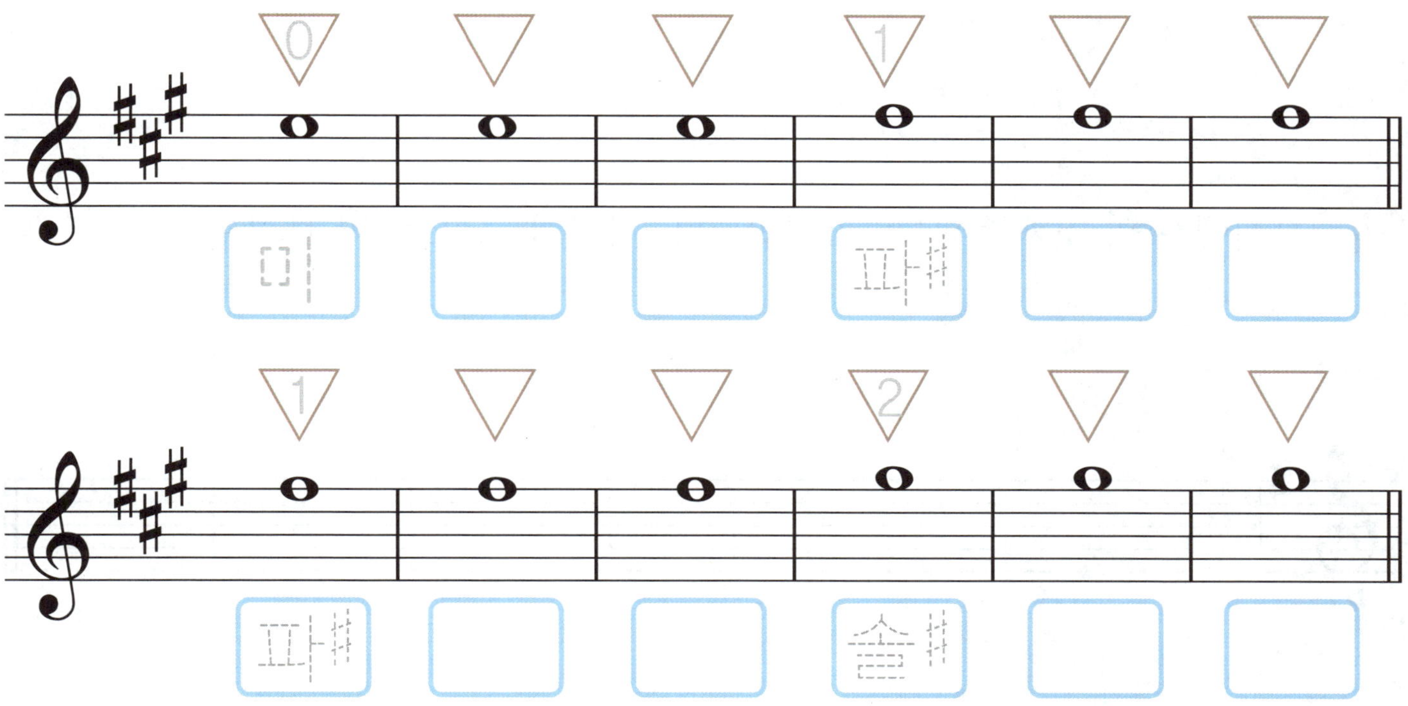

계이름에 맞는 음을 온음표(**o**)로 그리고, 손가락 번호를 써 보세요.

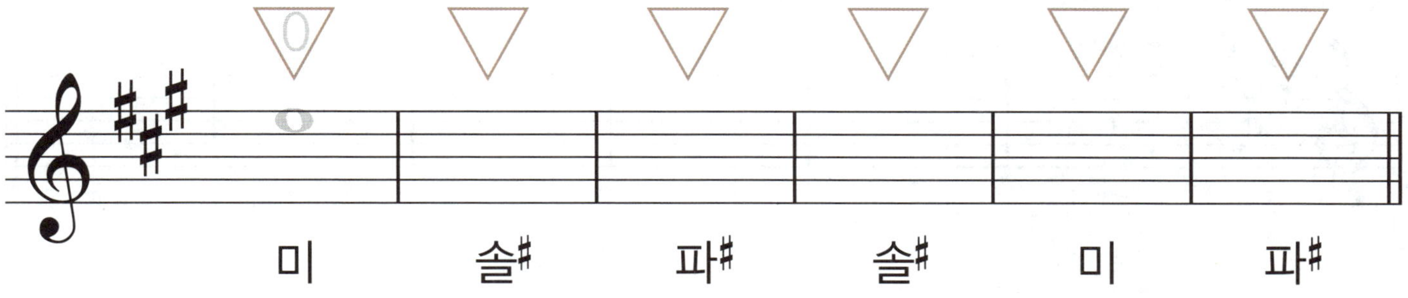

'미' 줄 3번 손가락 '라' 음

 지판 위의 계이름을 따라서 써 보세요.

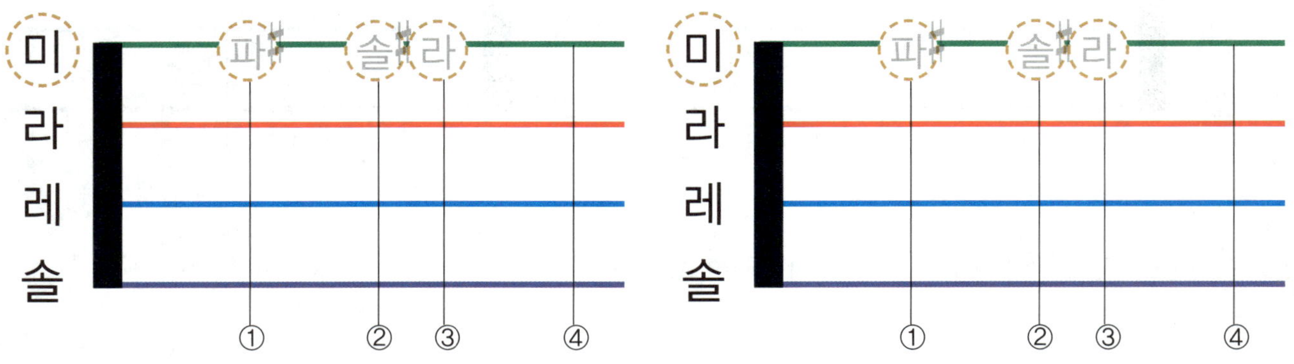

오선에서 위 첫째줄이 '라' 자리입니다. 따라서 그리고, 써 보세요.

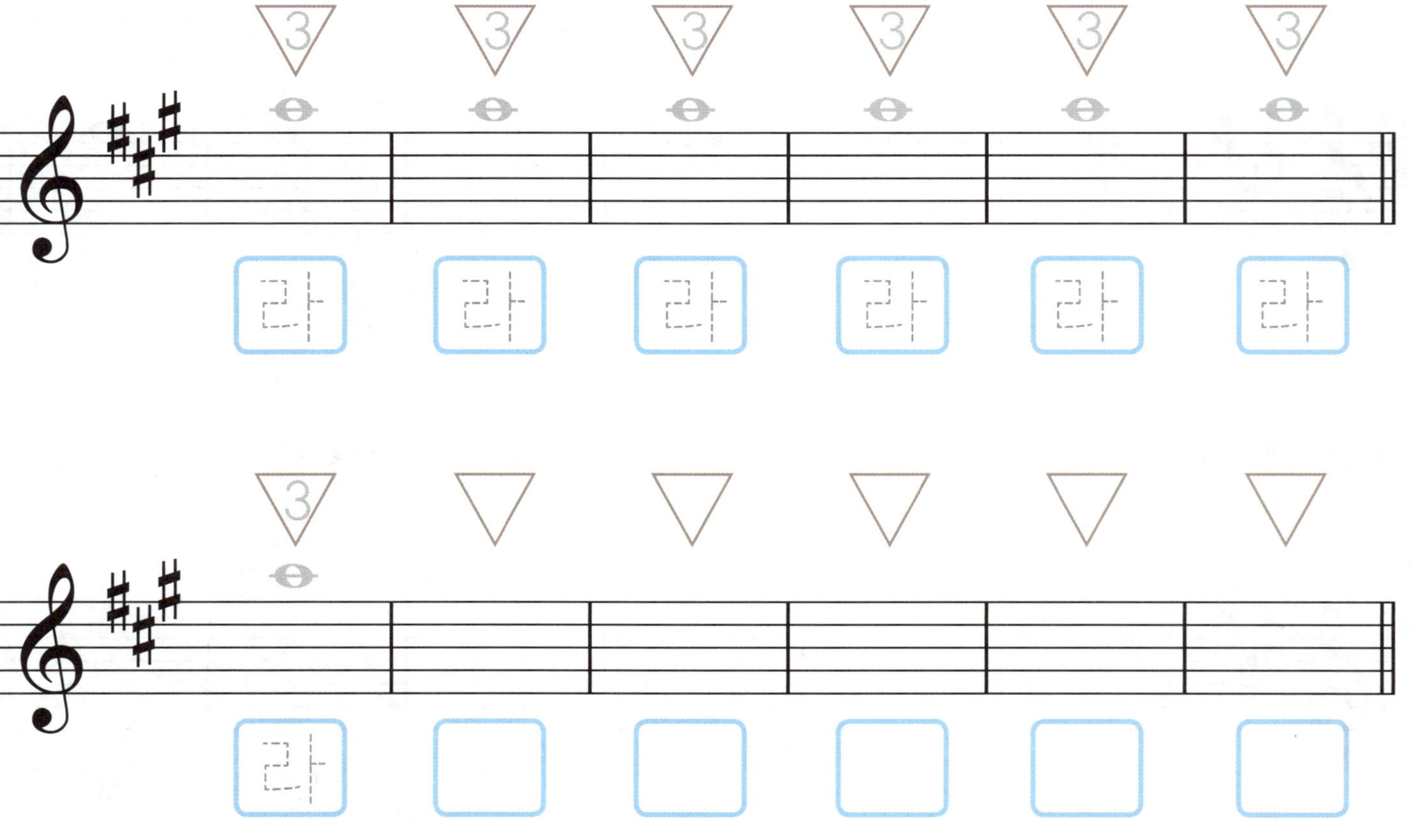

'미' 줄 4번 손가락 '시' 음

'시' 음은 '미' 줄에서 4번 자리를 4번 손가락으로 누릅니다.

 지판 위의 계이름을 따라서 써 보세요.

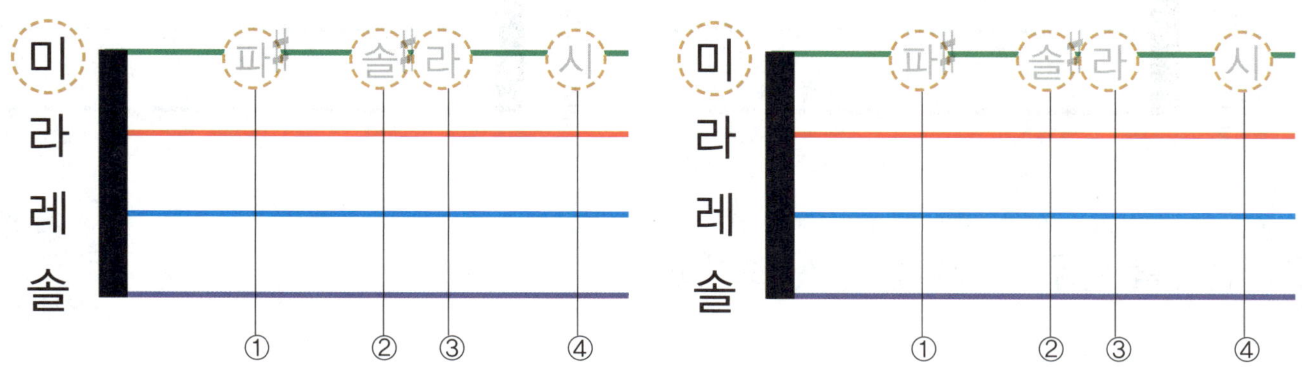

오선에서 위 둘째칸이 '시' 자리입니다. 따라서 그리고, 써 보세요.

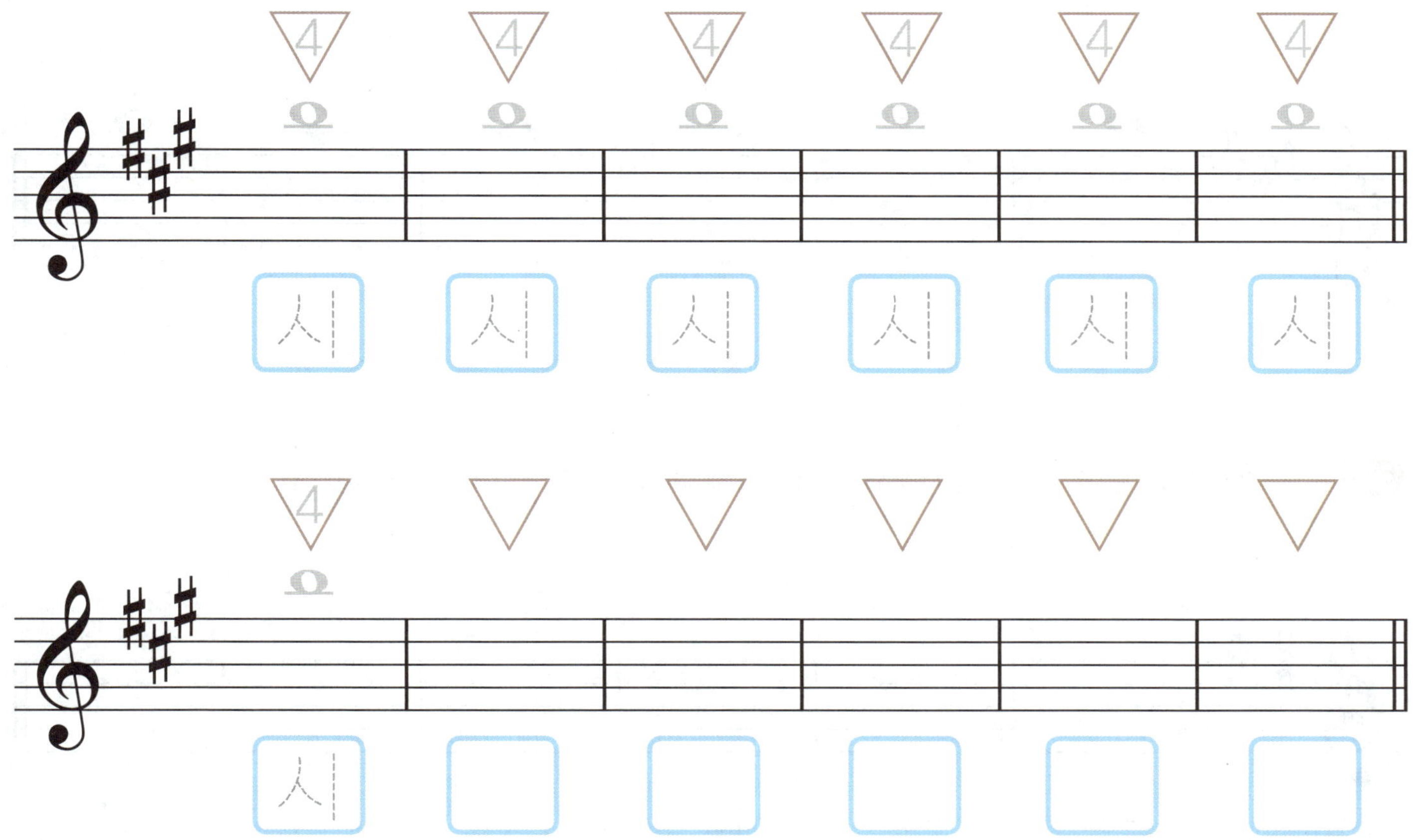

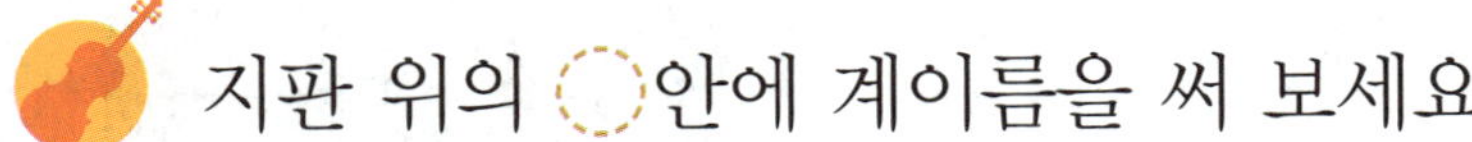

'라, 시' 종합 공부

지판 위의 ◯ 안에 계이름을 써 보세요.

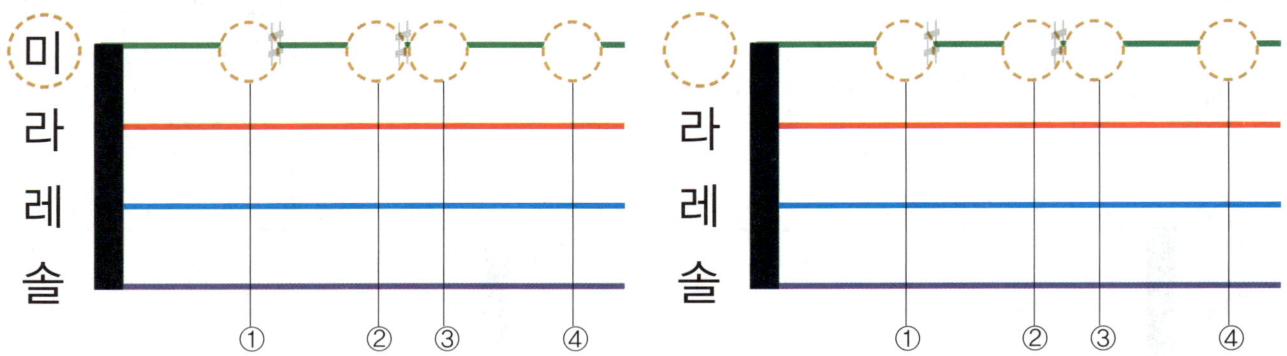

손가락 번호와 계이름을 써 보세요.

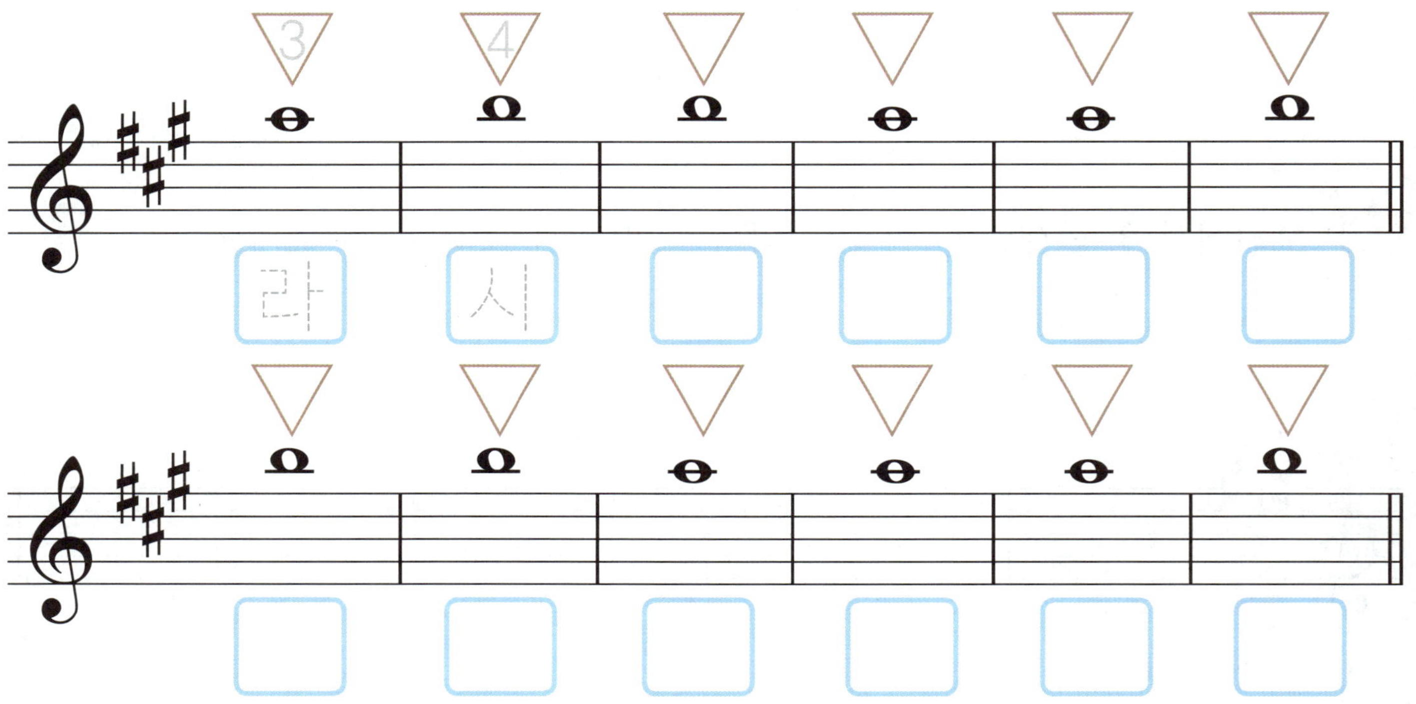

계이름에 맞는 음을 온음표(o)로 그리고, 손가락 번호를 써 보세요.

2분음표는 2박입니다.

	이름	박 수	길이
	2분음표	2박	1박 2박

2분음표를 따라서 그려 보세요 (o→ㅅ, o→ρ).

2분음표 이름을 따라서 써 보세요.

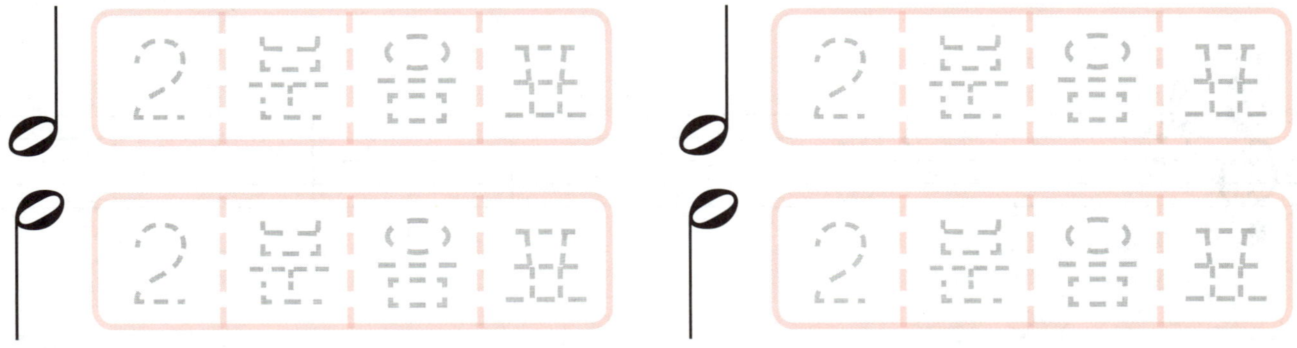

'라' 줄의 개방현

'라'음은 개방현이므로 왼손가락을 누르지 않고 연주합니다.

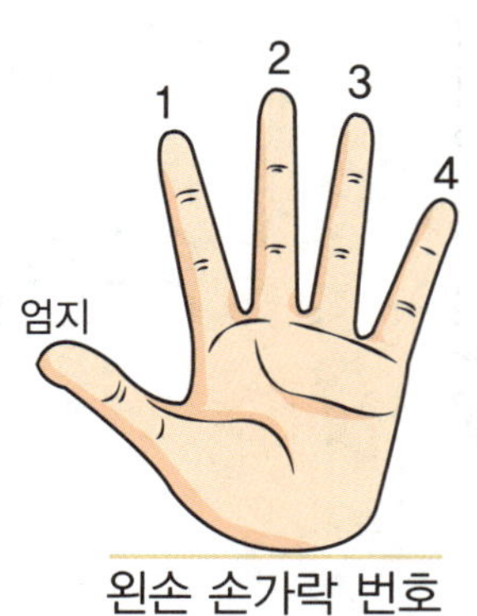

오선에서 둘째칸이 '라' 자리입니다. 따라서 그리고, 써 보세요.

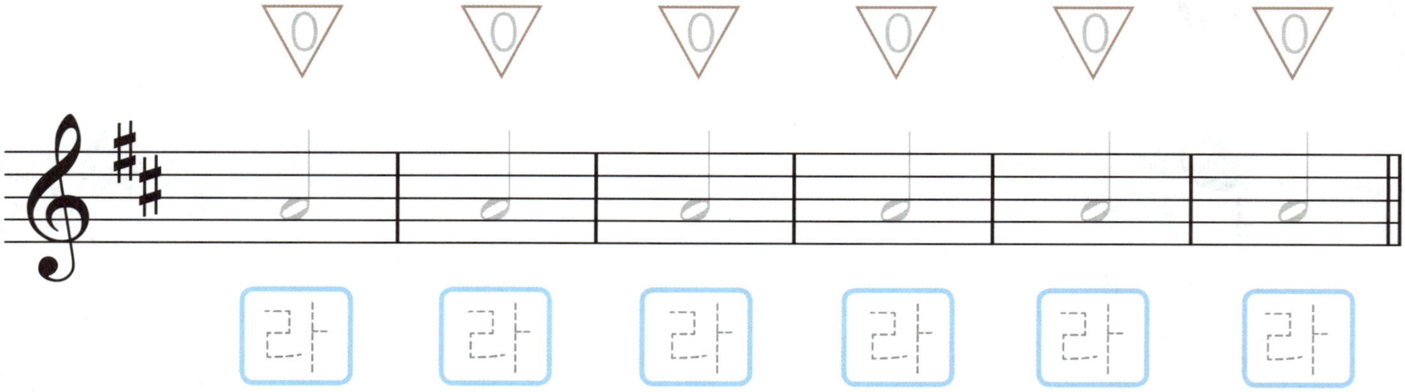

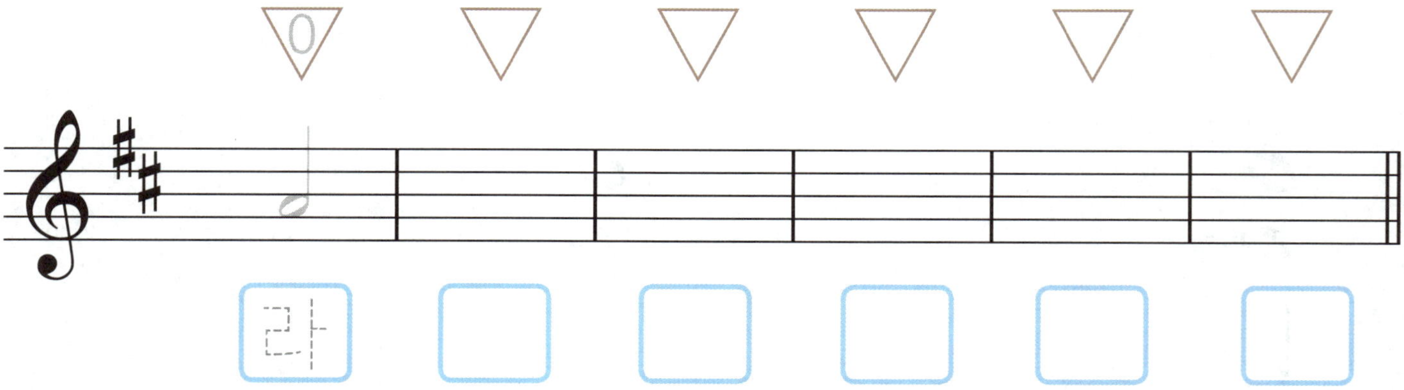

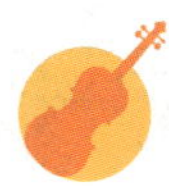

'라' 줄 1번 손가락 '시' 음

'시'음은 '라'줄에서 1번 자리를 1번 손가락으로 누릅니다.

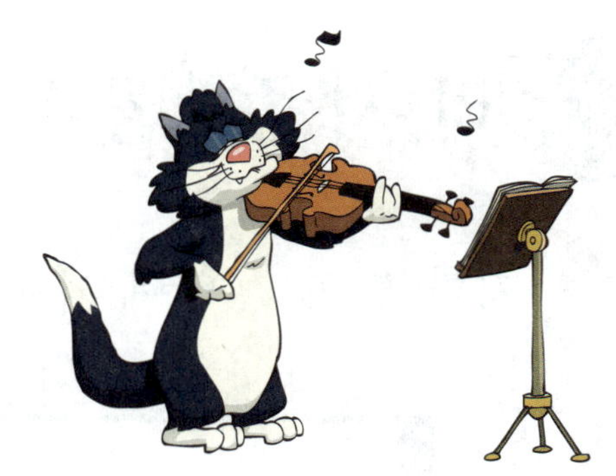

지판 위의 계이름을 따라서 써 보세요.

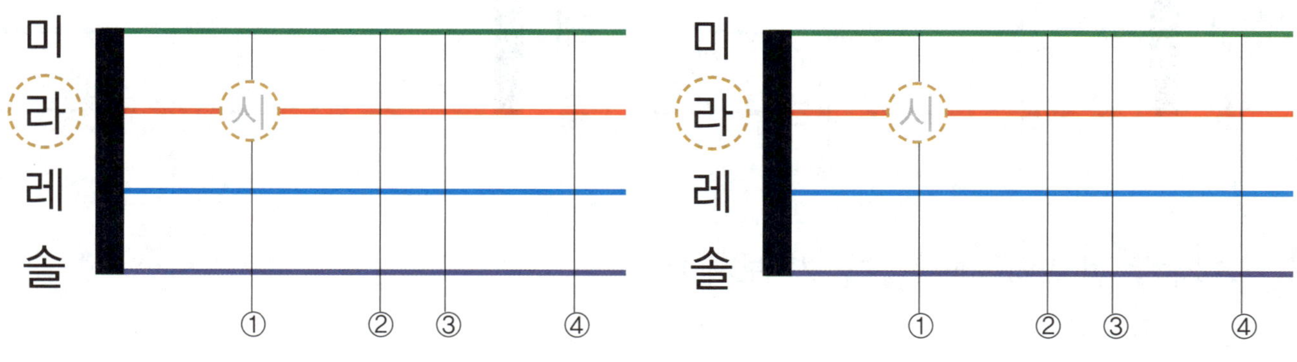

오선에서 셋째줄이 '시' 자리입니다. 따라서 그리고, 써 보세요.

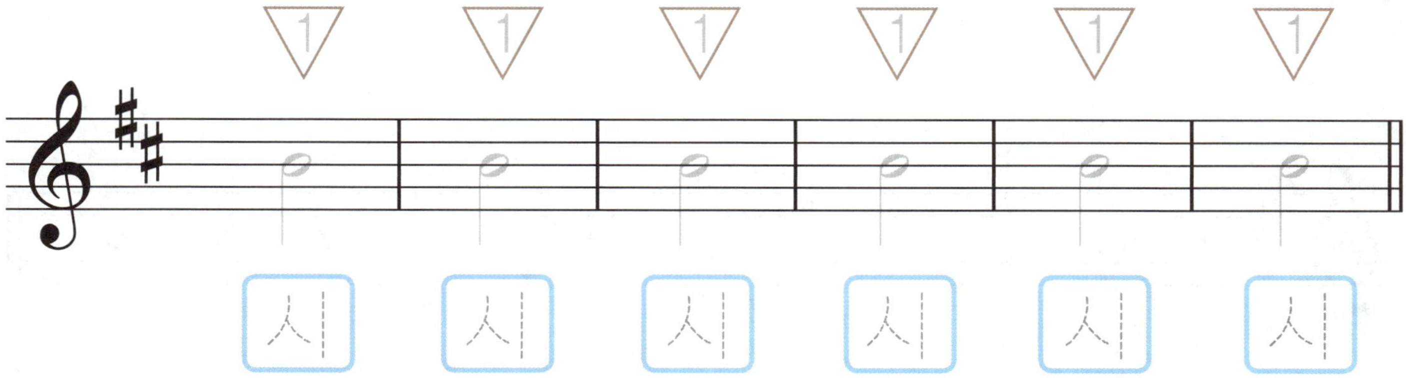

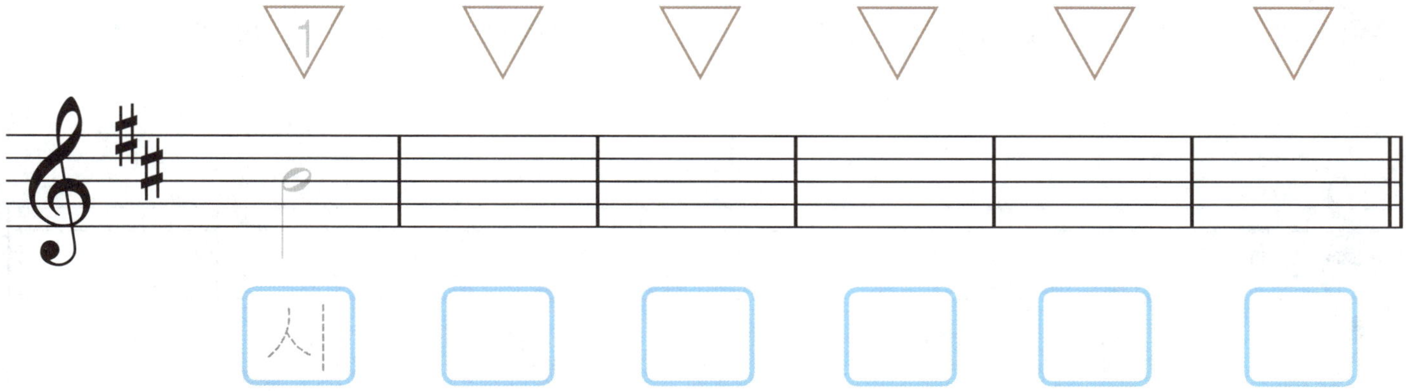

지판 위의 ◯ 안에 계이름을 써 보세요.

손가락 번호와 계이름을 써 보세요.

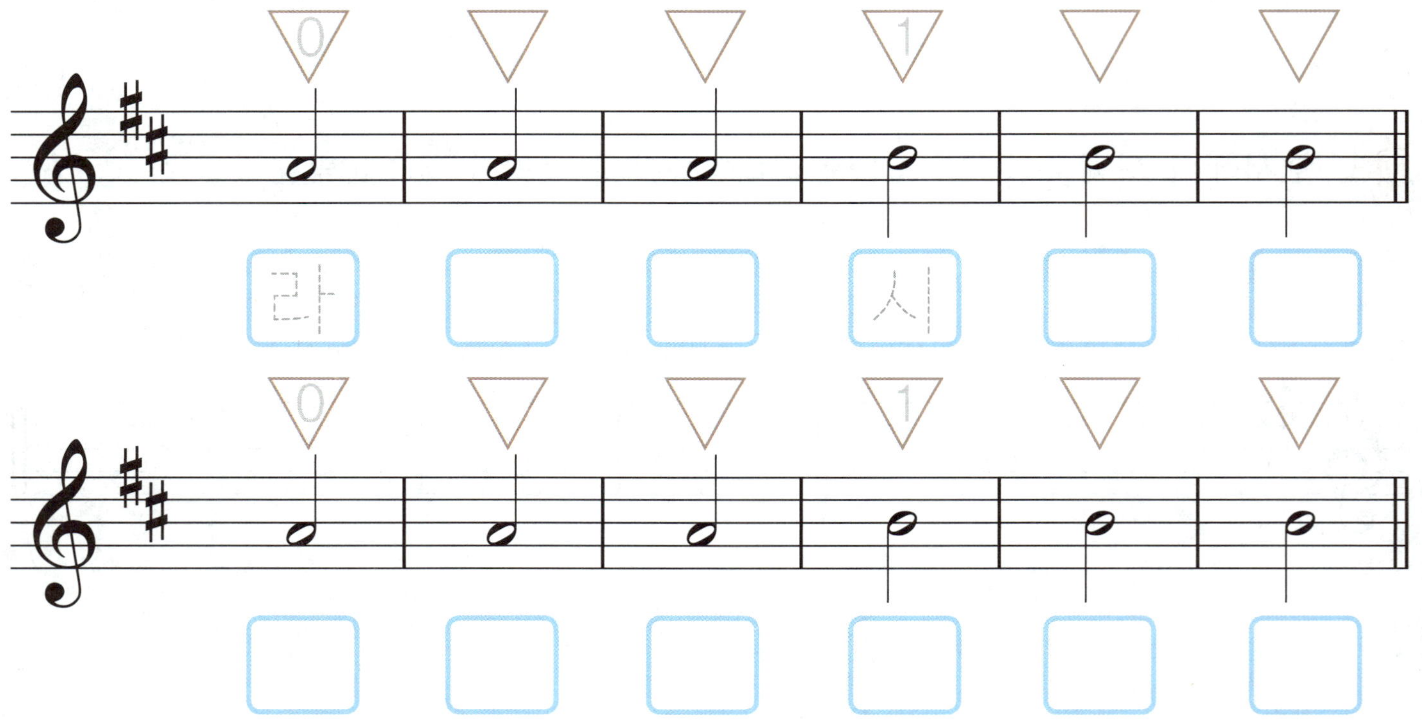

계이름에 맞는 음을 2분음표(♩)로 그리고, 손가락 번호를 써 보세요.

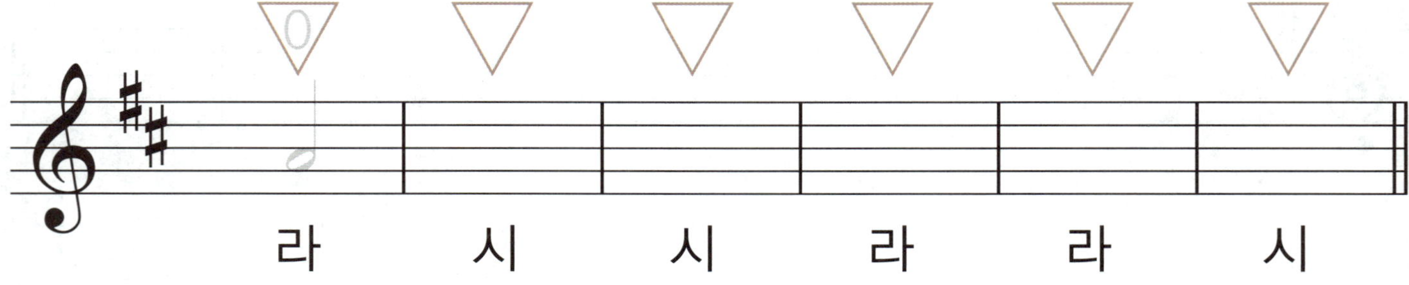

'라' 줄 2번 손가락 '도#' 음

'도#' 음은 '라' 줄에서 2번 자리를 2번 손가락으로 누릅니다.

지판 위의 계이름을 따라서 써 보세요.

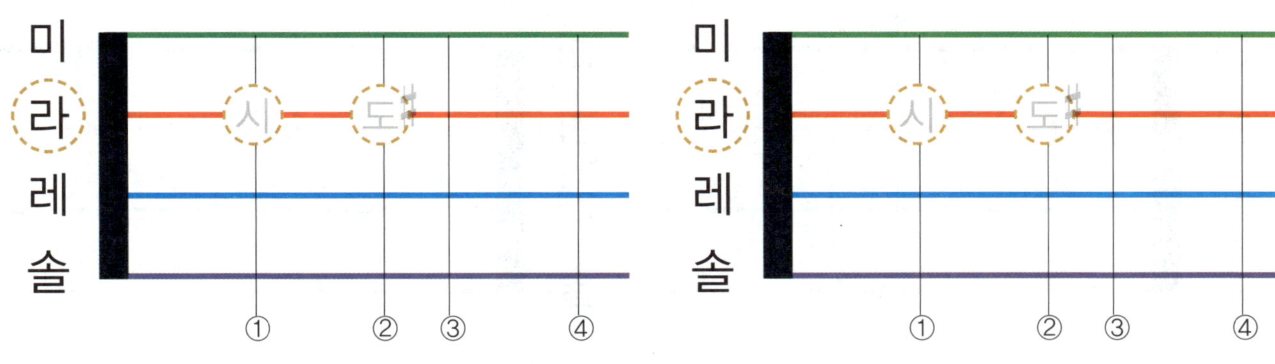

오선에서 샛째칸이 '도#' 자리입니다. 따라서 그리고, 써 보세요.

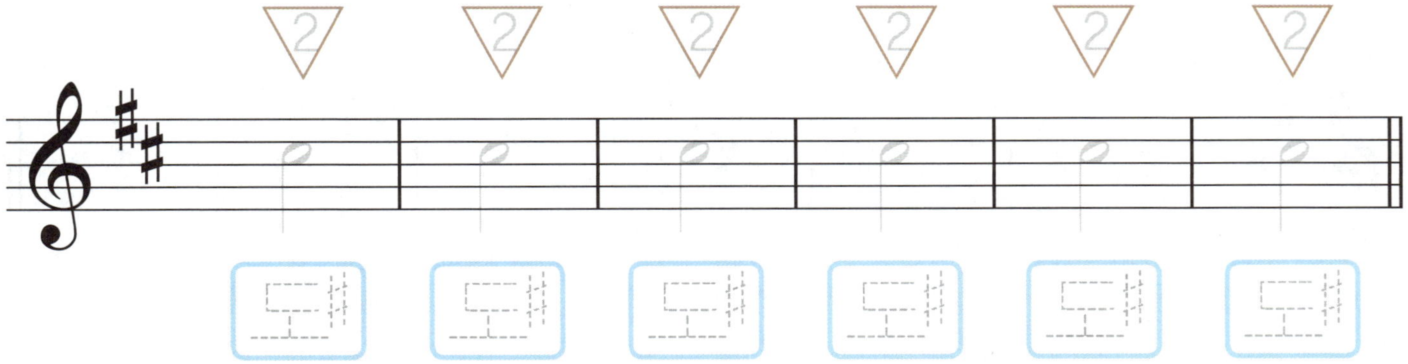

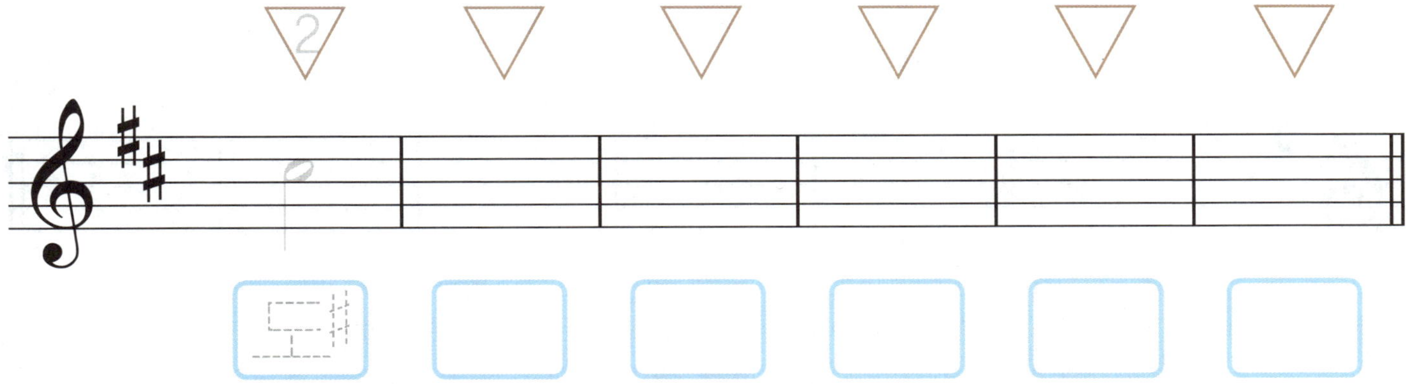

'라' 줄 3번 손가락 '레' 음

'레' 음은 '라' 줄에서 3번 자리를 3번 손가락으로 누릅니다.

 지판 위의 계이름을 따라서 써 보세요.

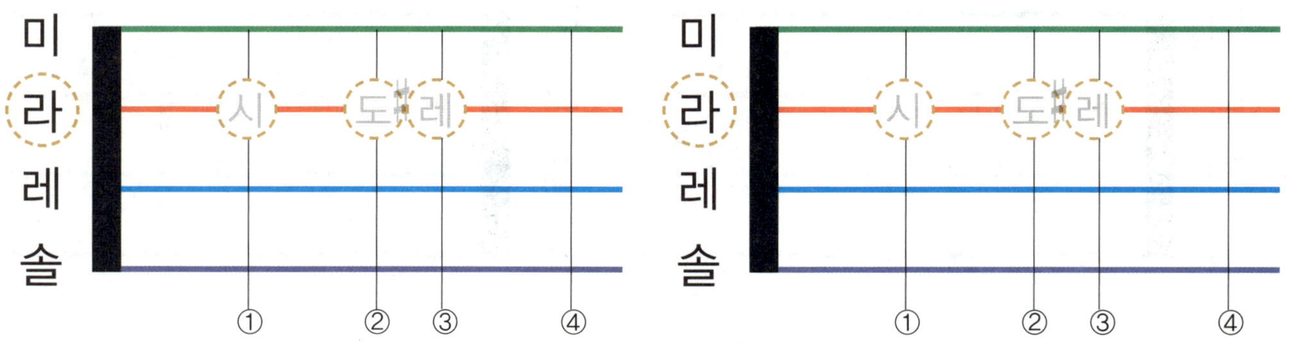

오선에서 넷째줄이 '레' 자리입니다. 따라서 그리고, 써 보세요.

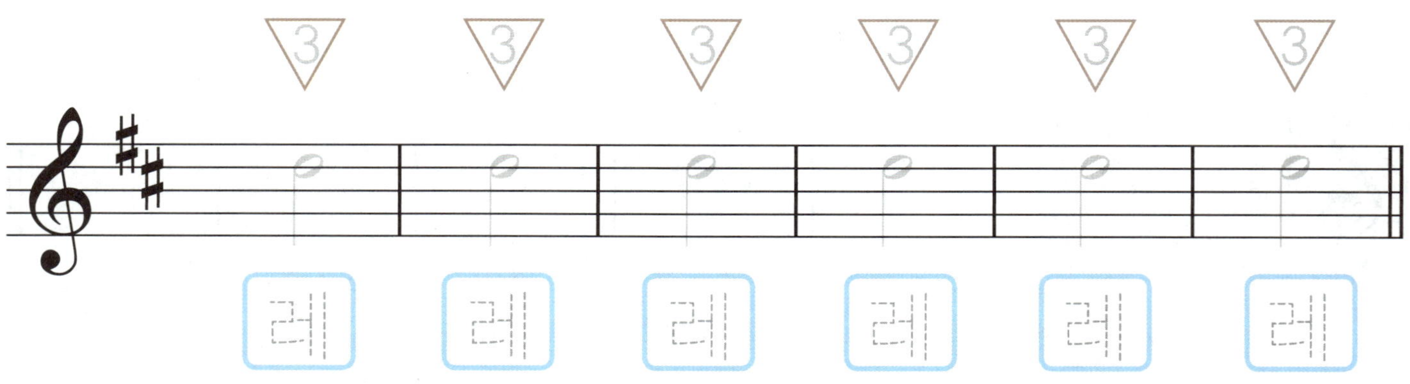

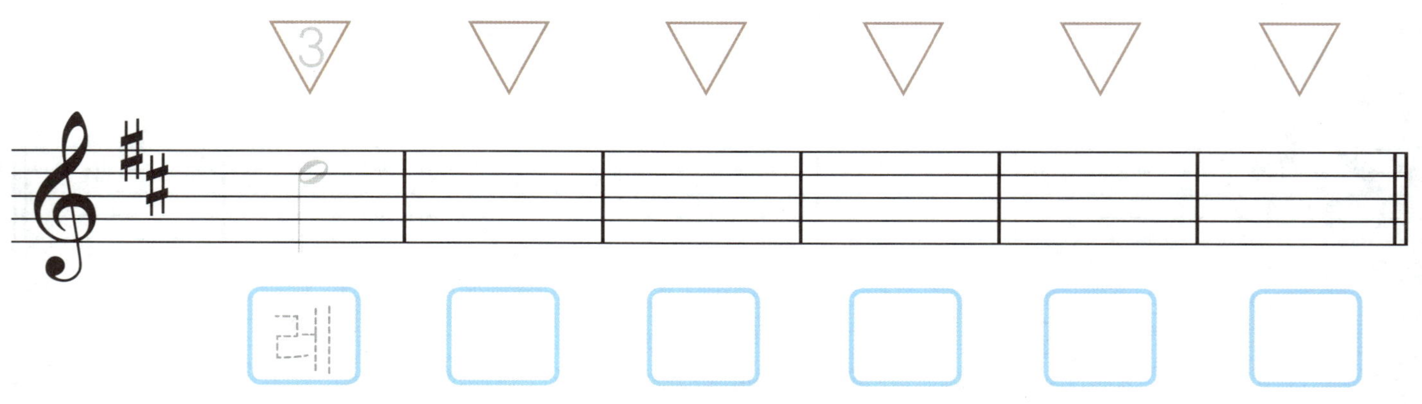

계이름과 손가락 번호를 쓰고, 지판 손가락 위치에 ◯ 표시를 하세요.

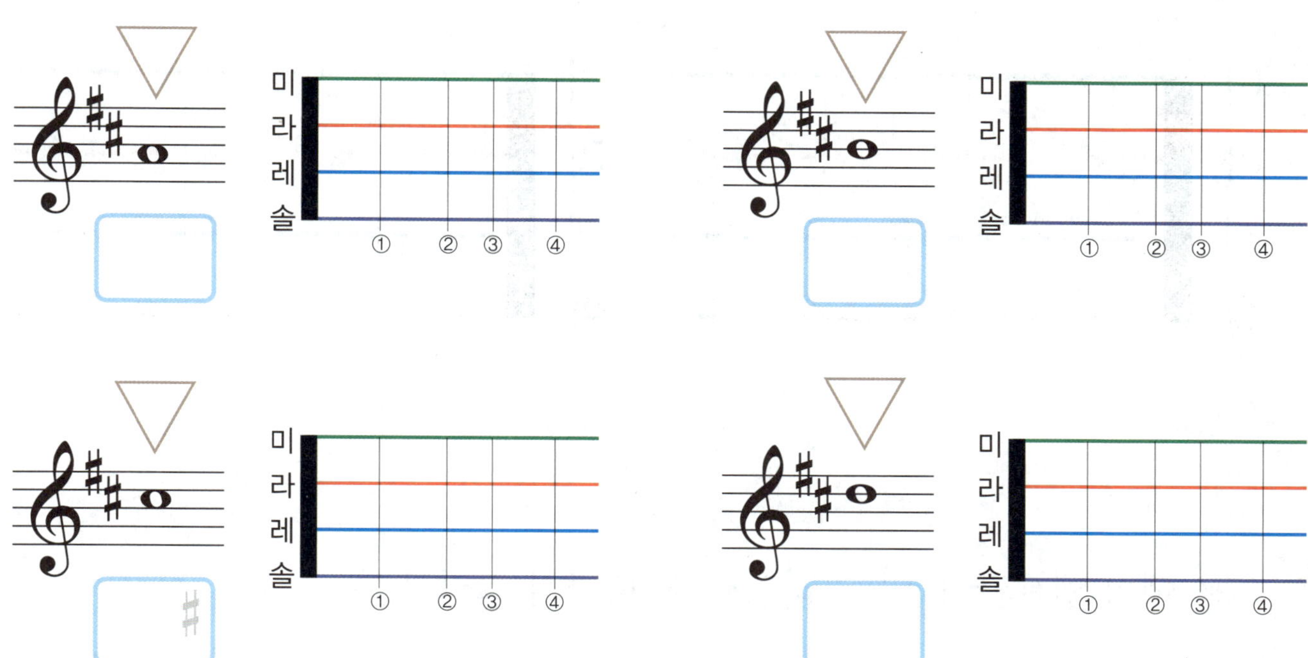

계이름과 손가락 번호를 쓰고, 지판 손가락 위치에 ◯ 표시를 하세요.

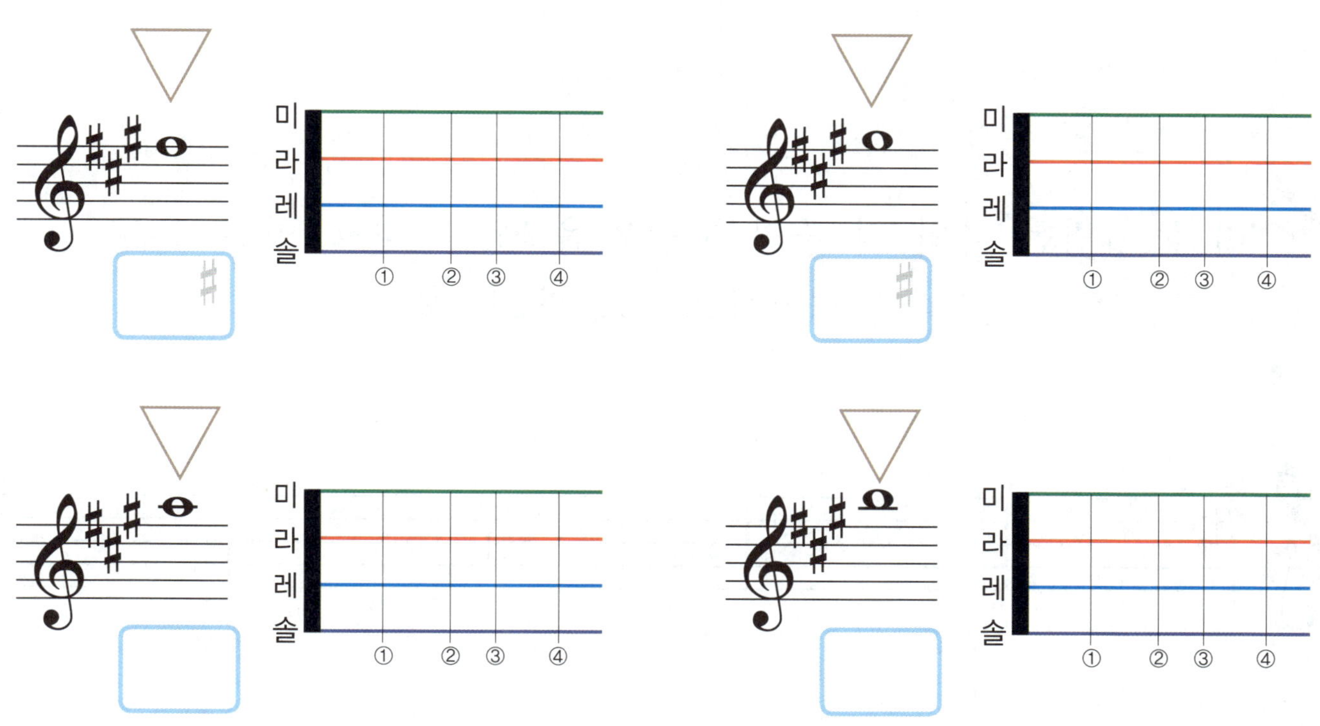

'라' 줄 4번 손가락 '미' 음

지판 위의 계이름을 따라서 써 보세요

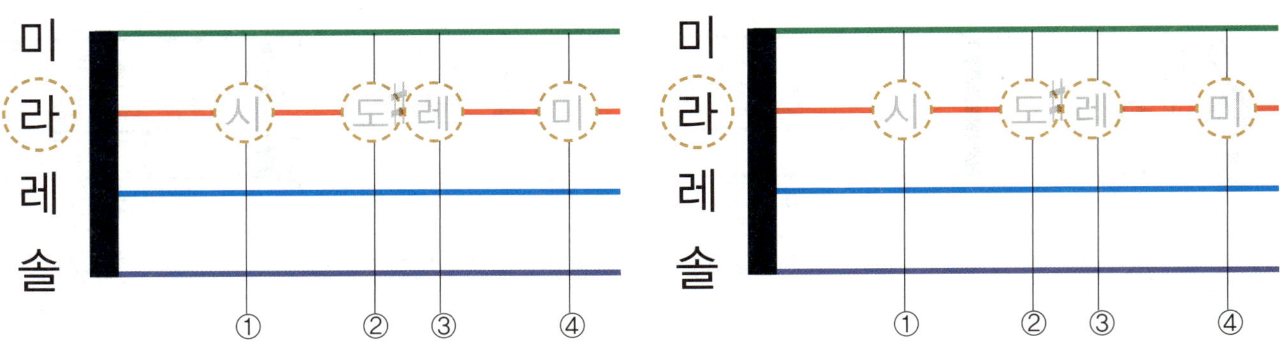

오선에서 넷째칸이 '미' 자리입니다. 따라서 그리고, 써 보세요.

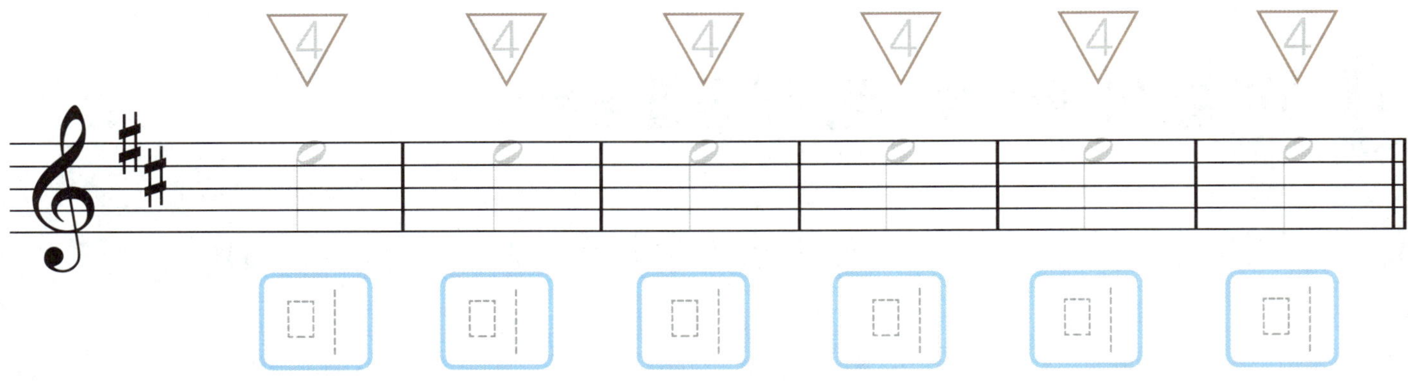

'미' 줄 개방현 '미'와 '라' 줄의 '미'음은 음 높이가 같고, 연주 시 손가락 번호 0 또는 4로 구별합니다. 따라서 그리고, 써 보세요.

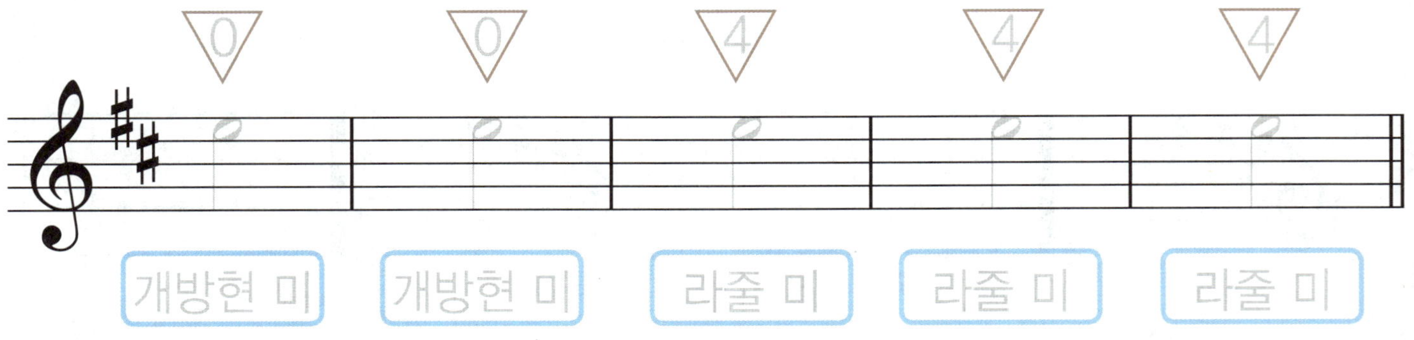

4분음표는 1박입니다.

	이름	박 수	길이
	4분음표	1박	

1박

🎻 4분음표를 따라서 그려 보세요 (○→●→♩, ○→●→♩).

🎻 4분음표 이름을 따라서 써 보세요.

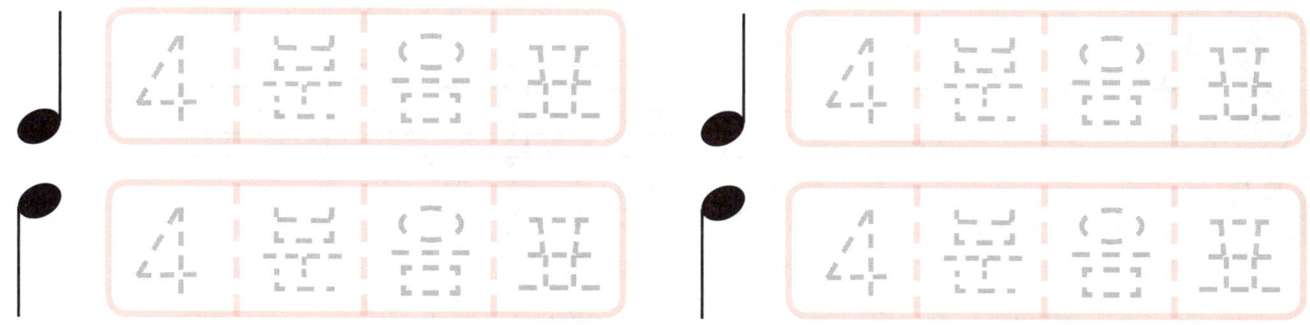

'레' 줄의 개방현

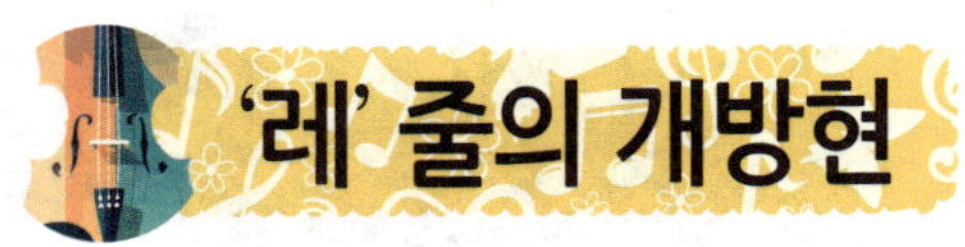

'레'음은 개방현이므로 왼손가락을 누르지 않고 연주합니다.

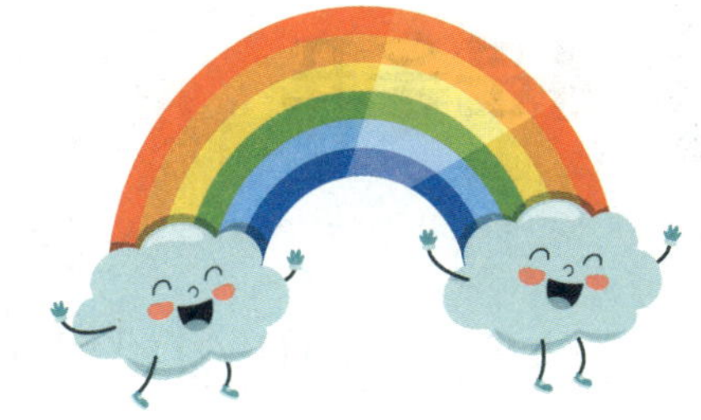

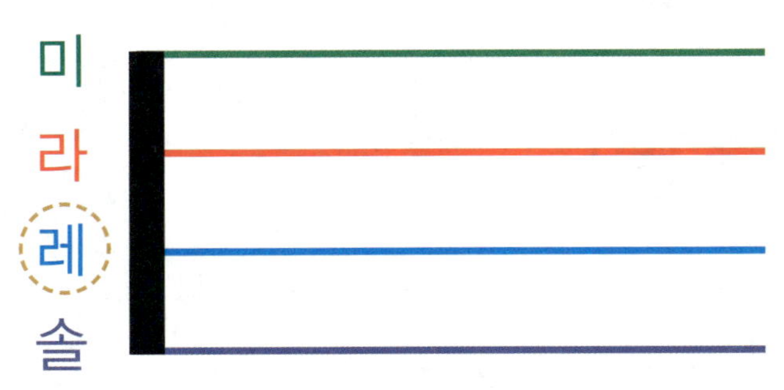

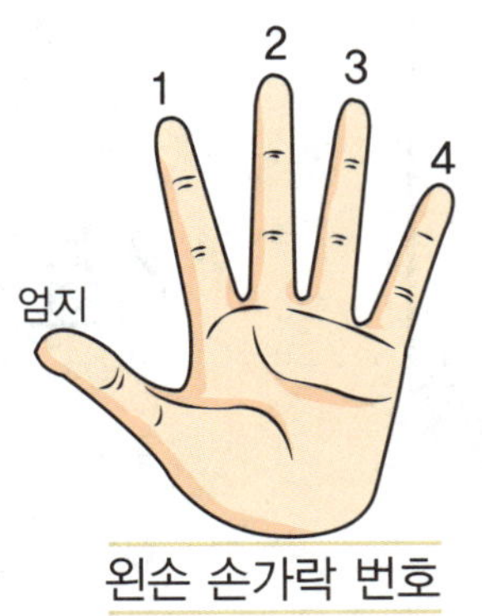

오선에서 아래 첫째 덧칸이 '레' 자리입니다. 따라서 그리고, 써 보세요.

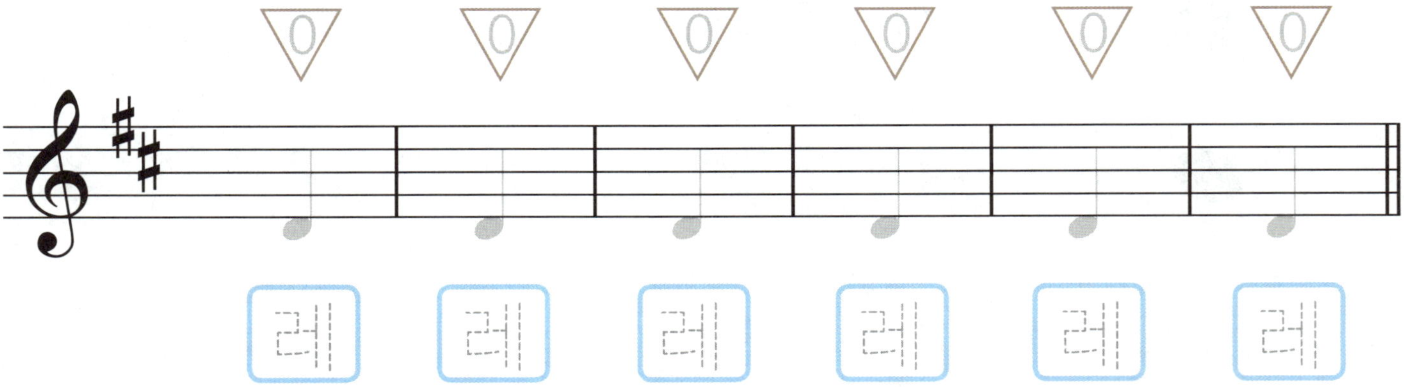

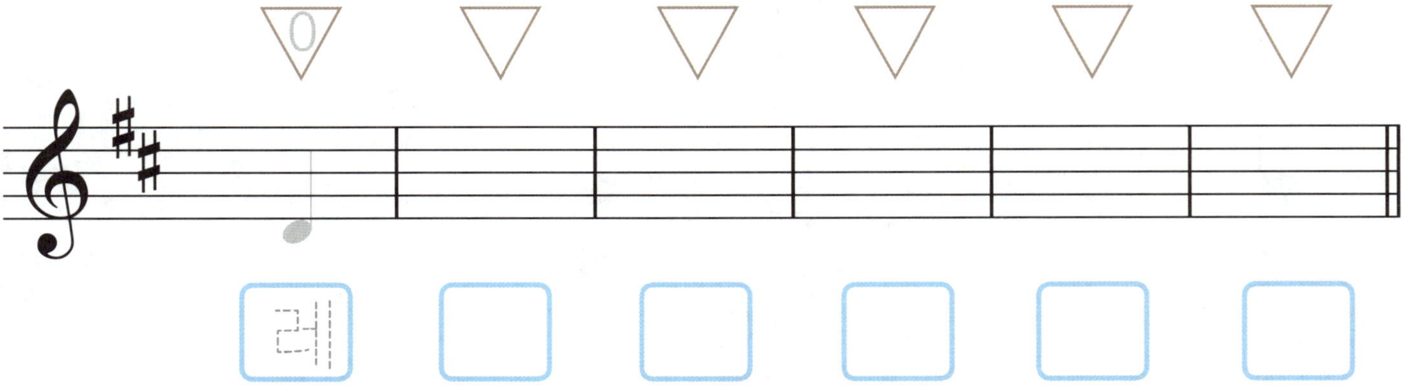

 '레' 줄 1번 손가락 '미' 음

'미' 음은 '레' 줄에서 1번 자리를 1번 손가락으로 누릅니다.

지판 위의 계이름을 따라서 써 보세요.

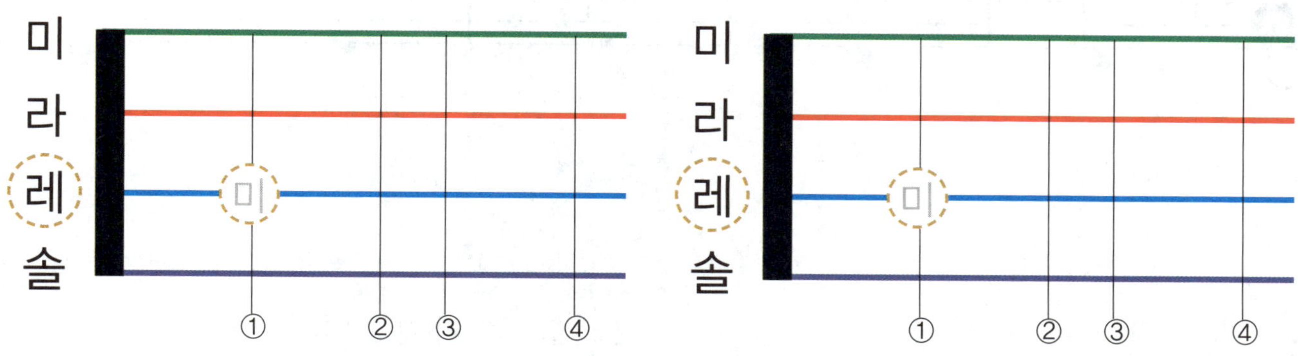

오선에서 첫째줄이 '미' 자리입니다. 따라서 그리고, 써 보세요.

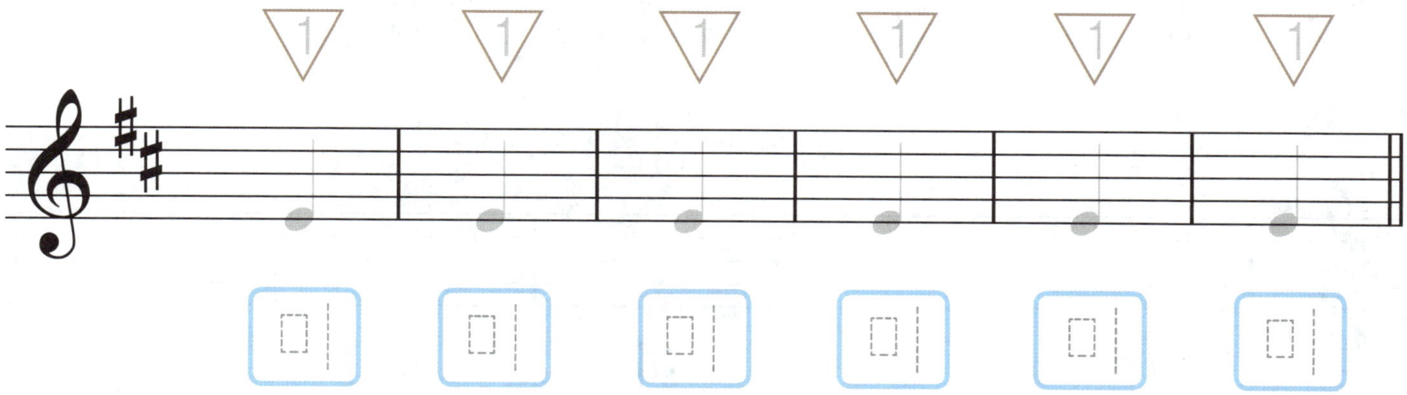

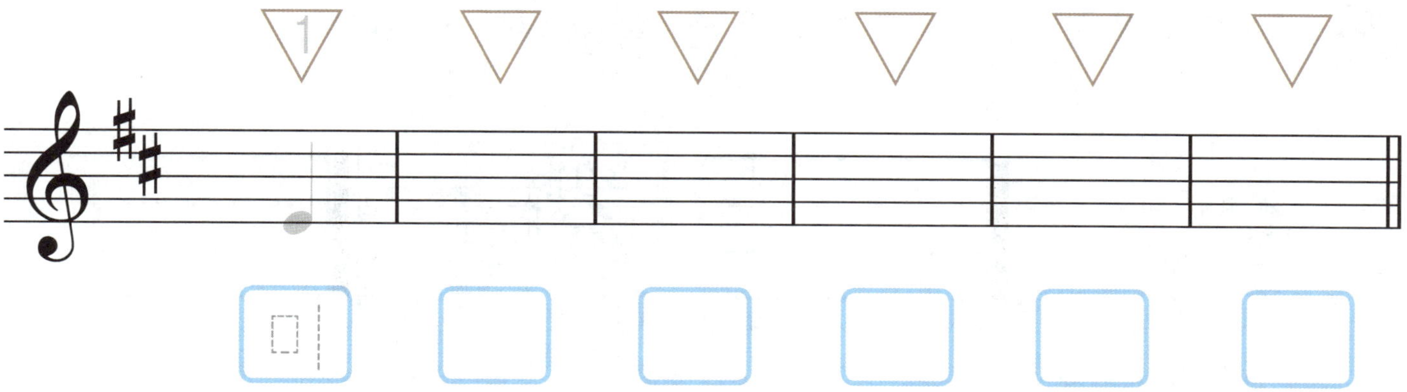

 ## '레, 미' 종합 공부

계이름과 손가락 번호를 써 보세요.

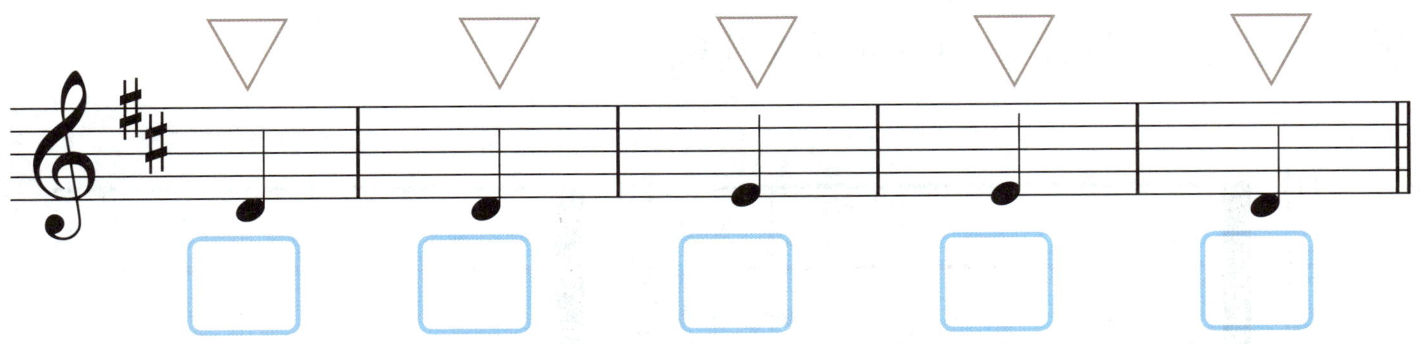

제시된 음을 오선에 4분음표(♩)로 그리고, 손가락 번호를 써 보세요.

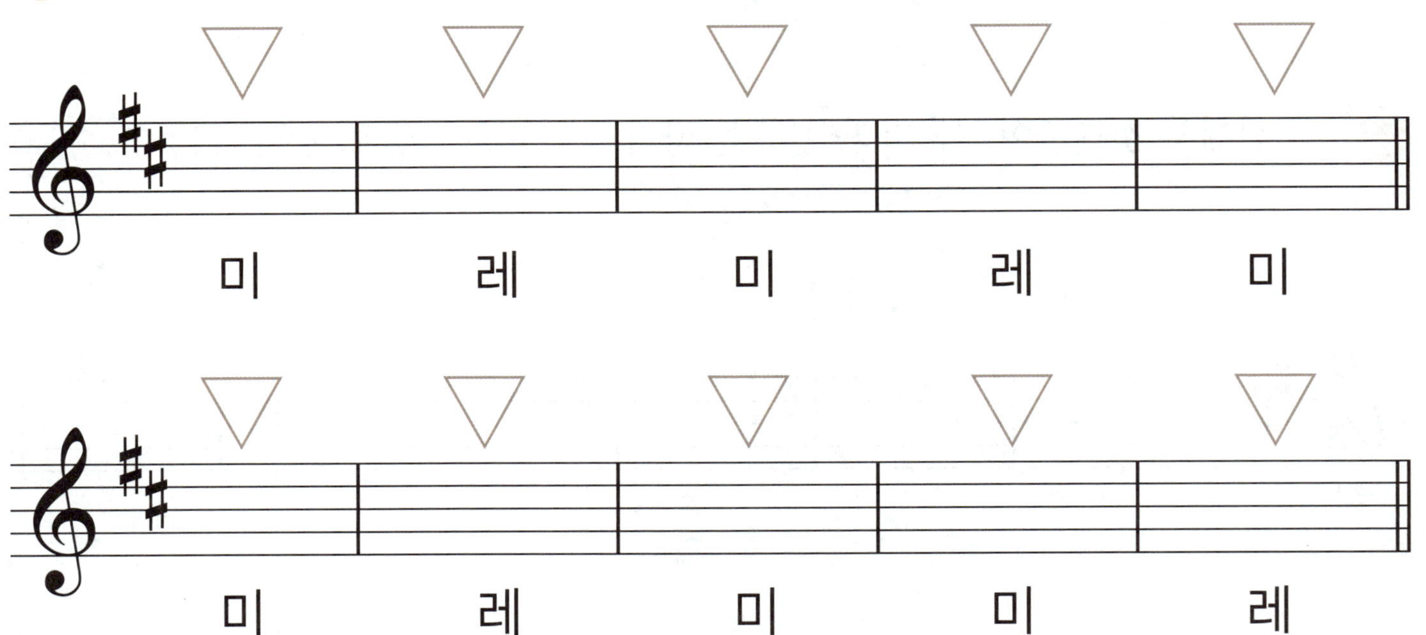

계이름과 손가락 번호를 쓰고, 지판 손가락 위치에 ◯ 표시를 하세요.

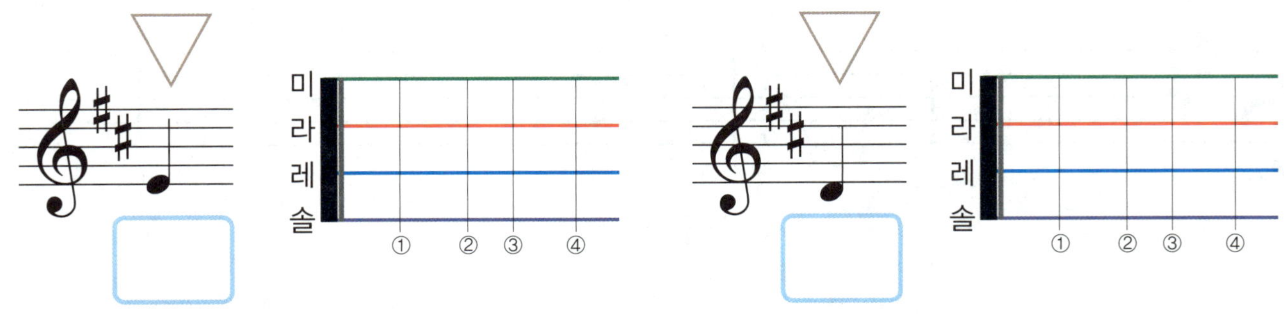

'레' 줄 2번 손가락 '파♯' 음

'파♯' 음은 '레' 줄에서 2번 자리를 2번 손가락으로 누릅니다.

 지판 위의 계이름을 따라서 써 보세요.

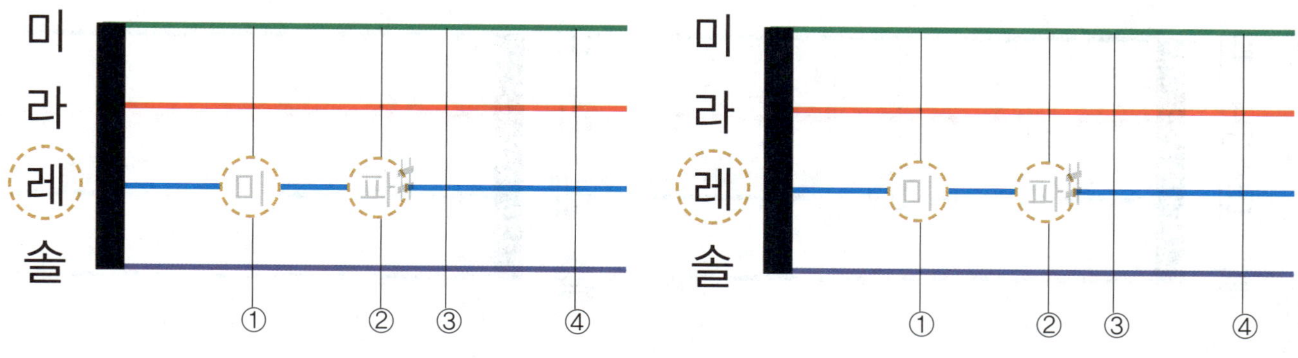

오선에서 첫째칸이 '파♯' 자리입니다. 따라서 그리고, 써 보세요.

'레' 줄 3번 손가락 '솔' 음

'솔' 음은 '레' 줄에서 3번 자리를 3번 손가락으로 누릅니다.

 지판 위의 계이름을 따라서 써 보세요.

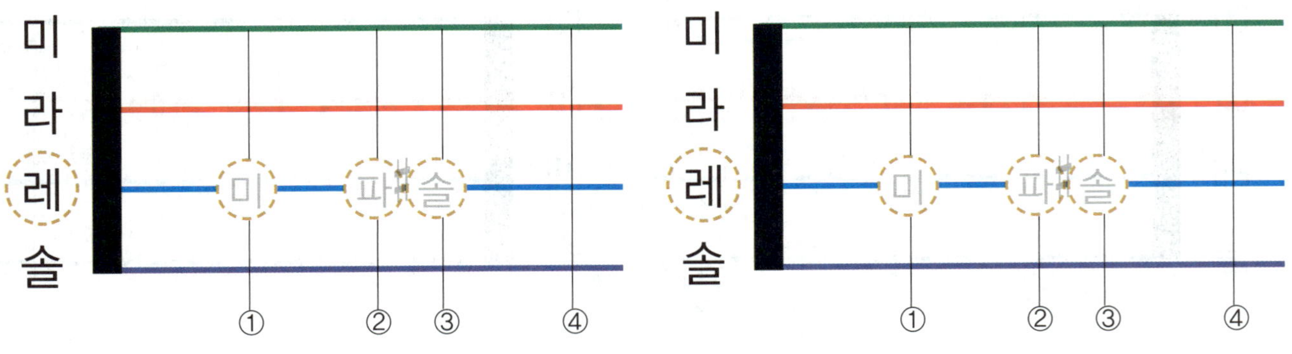

오선에서 둘째줄이 '솔' 자리입니다. 따라서 그리고, 써 보세요.

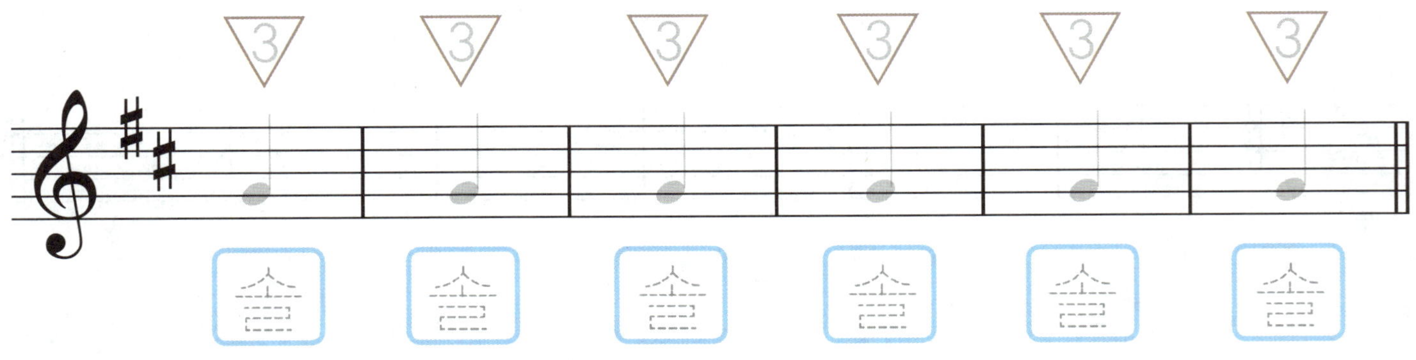

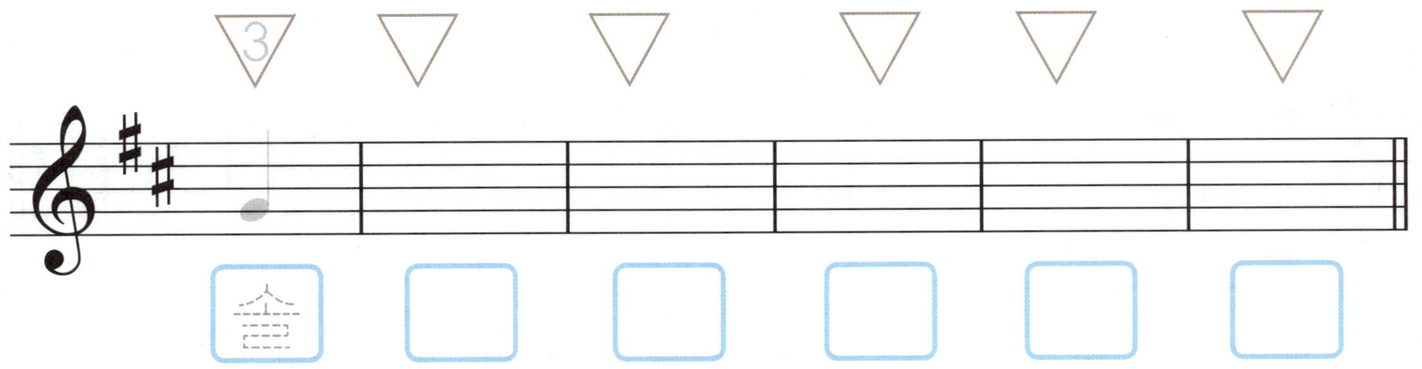

계이름과 손가락 번호를 써 보세요.

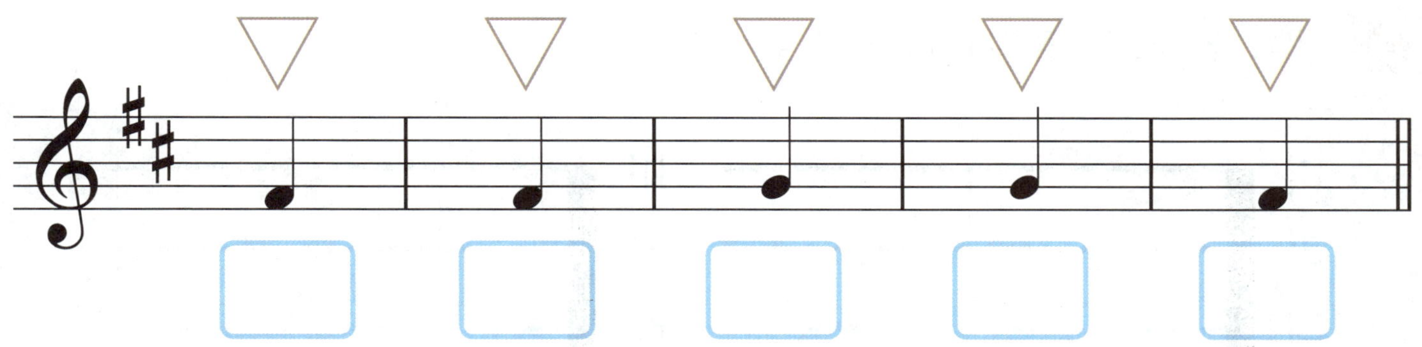

제시된 음을 오선에 4분음표(♩)로 그리고 손가락 번호를 써 보세요.

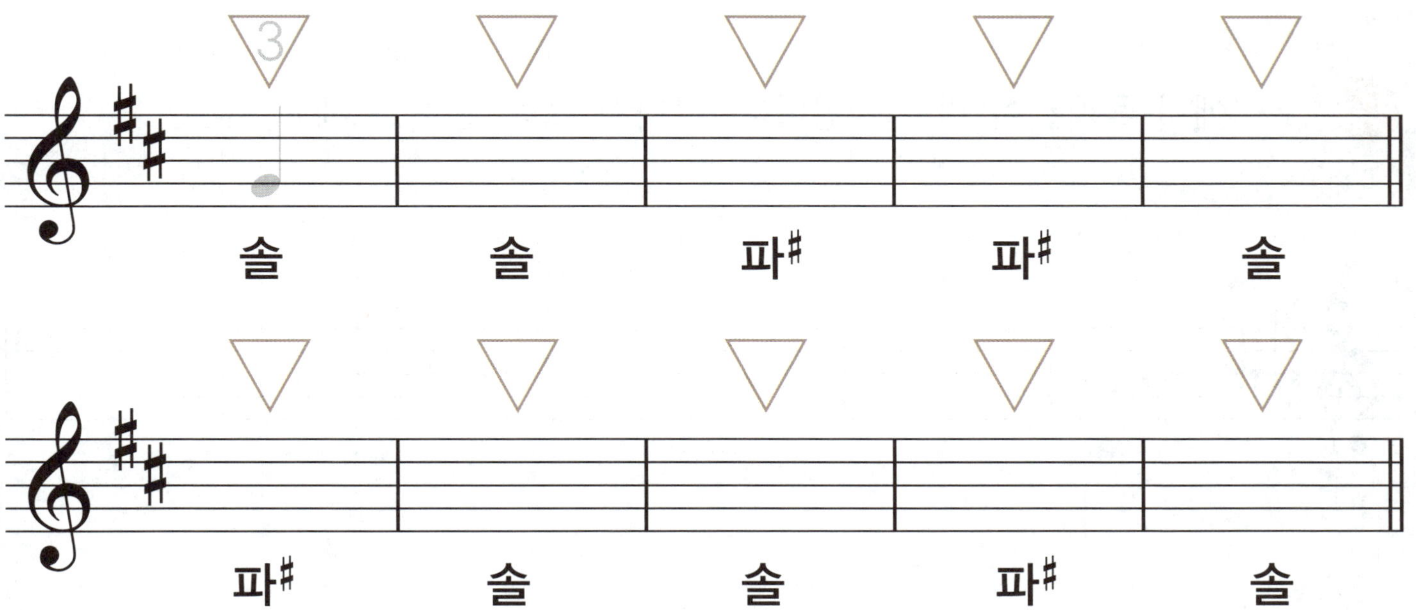

계이름과 손가락 번호를 쓰고, 지판 손가락 위치에 ◯ 표시를 하세요.

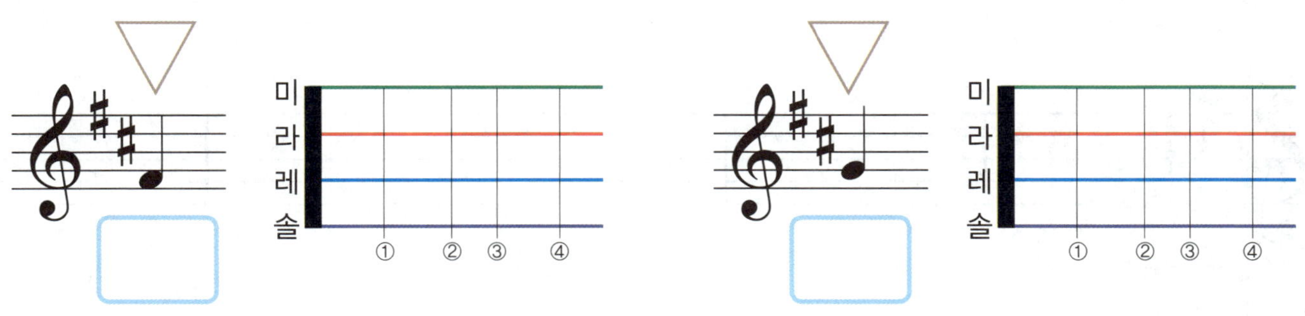

41

'레' 줄 4번 손가락 '라' 음

'라' 음은 '라' 줄에서는 개방현(0)으로, '레' 줄에서는 4번 손가락으로 누릅니다.

지판 위의 계이름을 따라서 써 보세요.

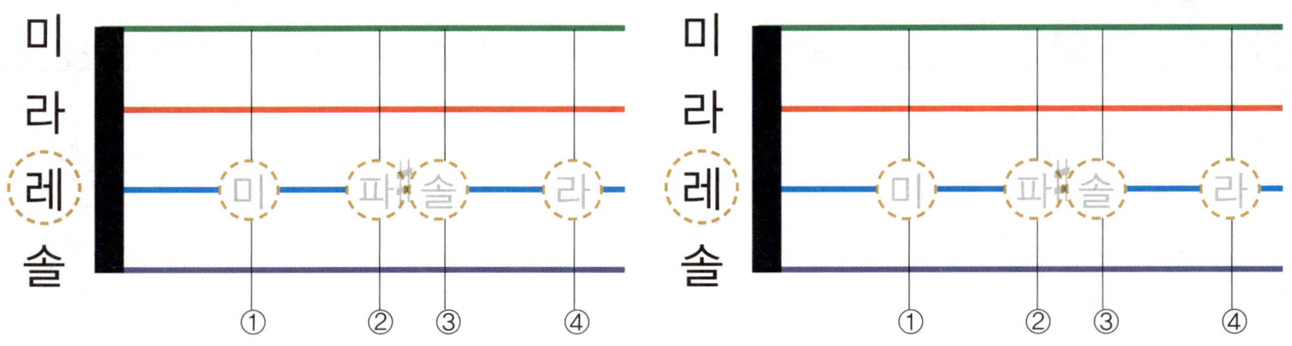

오선에서 둘째칸이 '라' 자리입니다. 따라서 그리고, 써 보세요.

'라' 줄 개방현 '라'와, '레' 줄의 '라'음은 음 높이가 같고, 연주 시 손가락 번호 0 또는 4로 구별합니다. 따라서 그리고, 써 보세요.

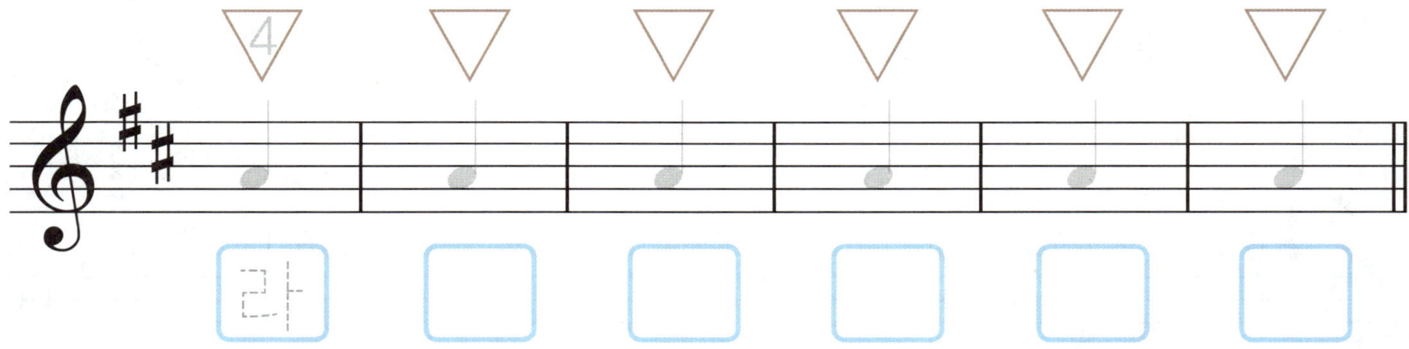

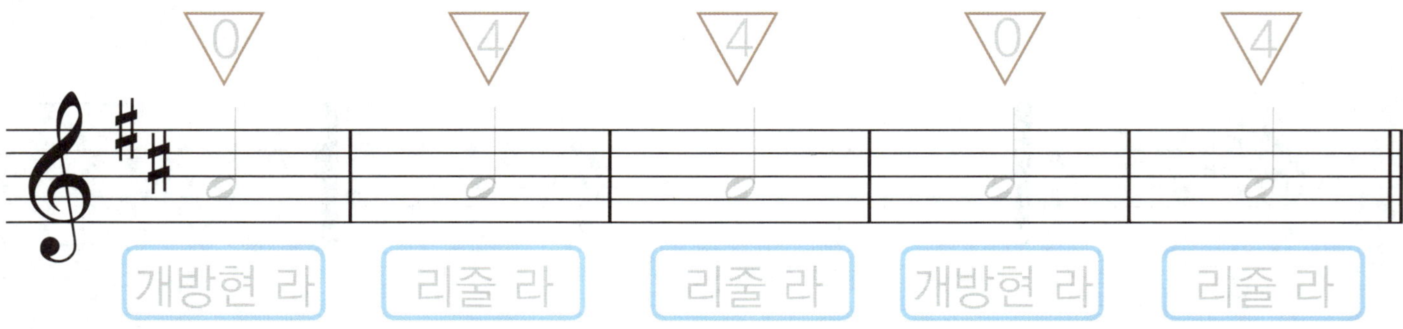

좋아하는 색으로 예쁘게 색칠해 주세요.

'솔' 줄의 음계

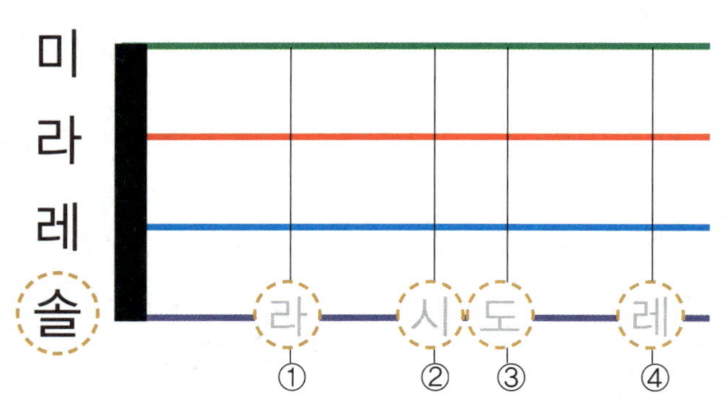

 온음표(o)와 계이름을 따라서 그리고, 써 보세요.

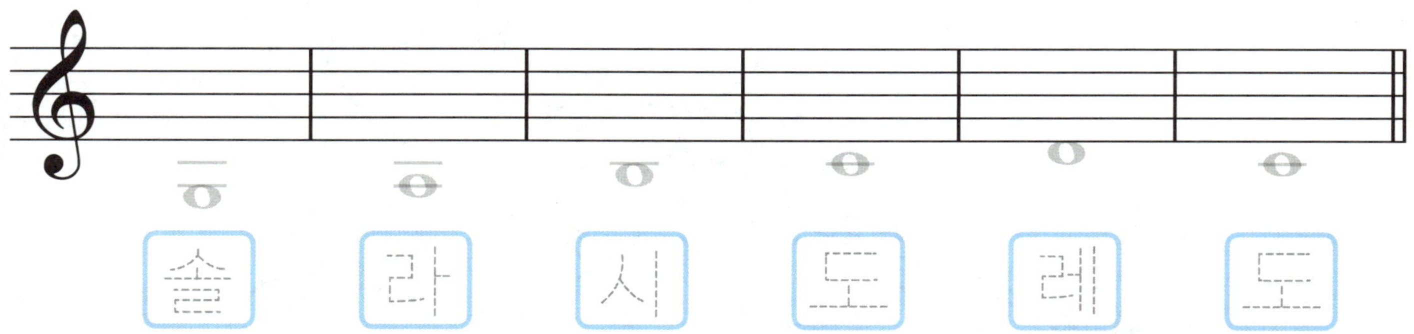

온음표(o)를 따라서 그리고, 계이름을 써 보세요.

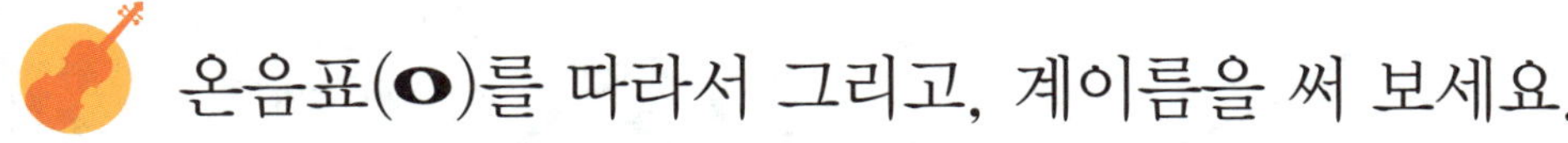

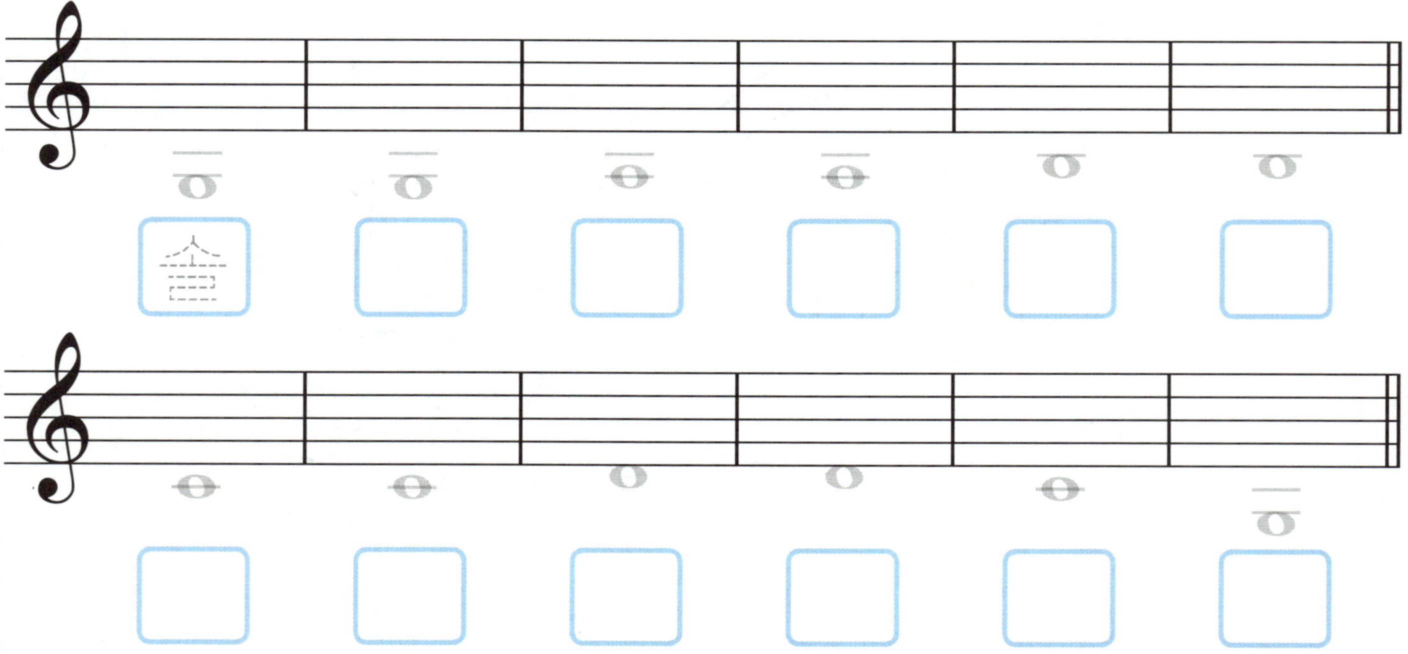

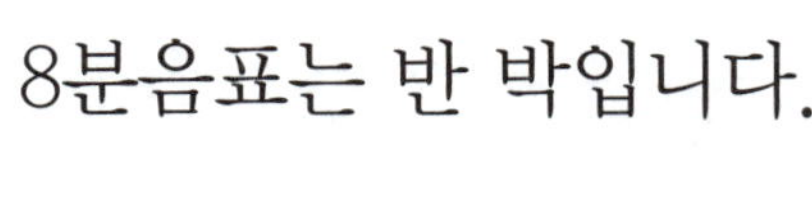

8분음표는 반 박입니다.

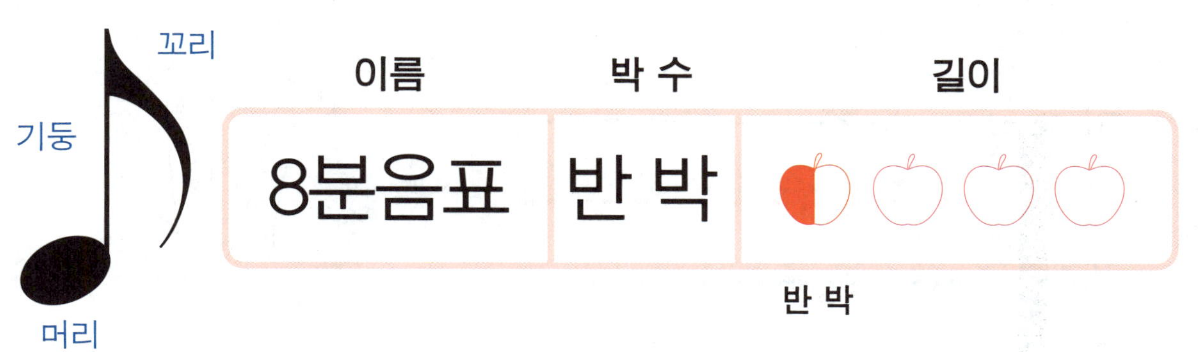

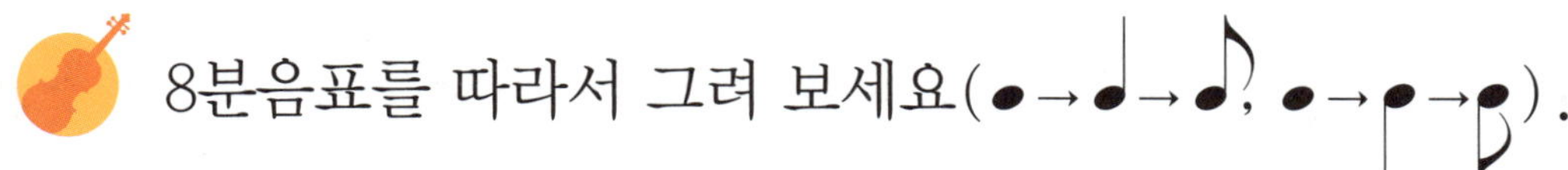

8분음표를 따라서 그려 보세요(●→♩→♪, ●→♪→♪).

8분음표 이름을 따라서 써 보세요.

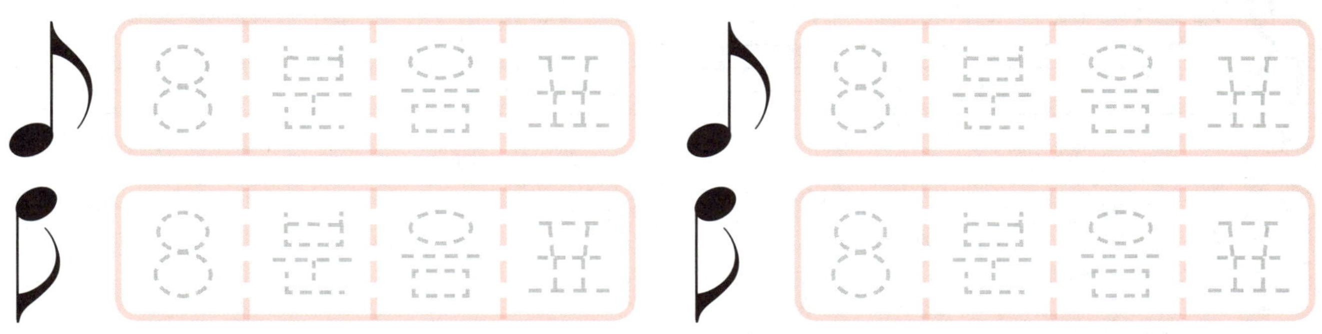

‘솔’ 줄의 개방현

‘솔’ 음은 개방현이므로, 왼손가락을 누르지 않고 연주합니다.

왼손 손가락 번호

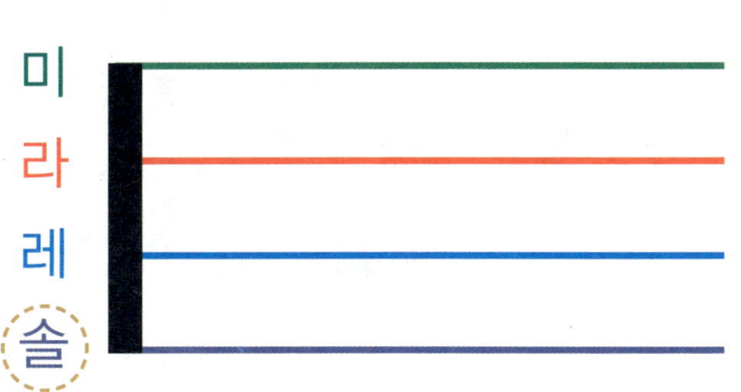

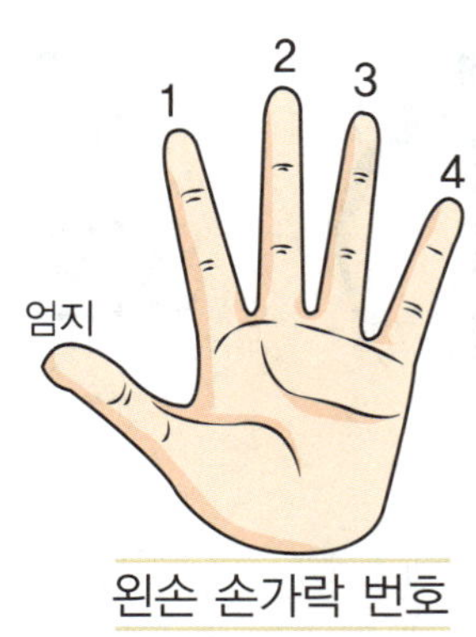

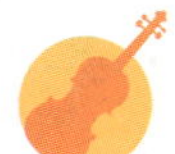

오선에서 아래 셋째칸이 ‘솔’ 자리입니다. 따라서 그리고, 써 보세요.

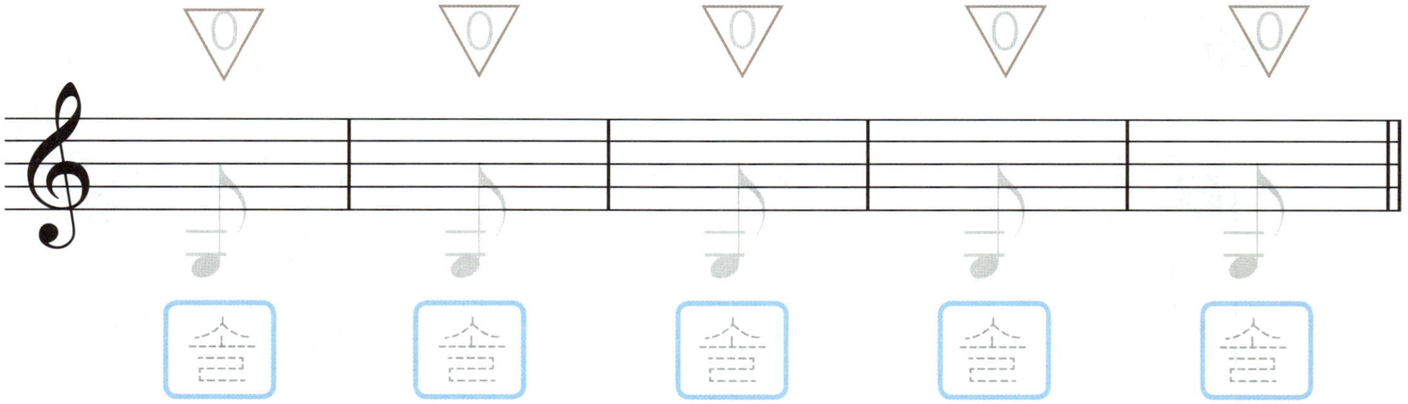

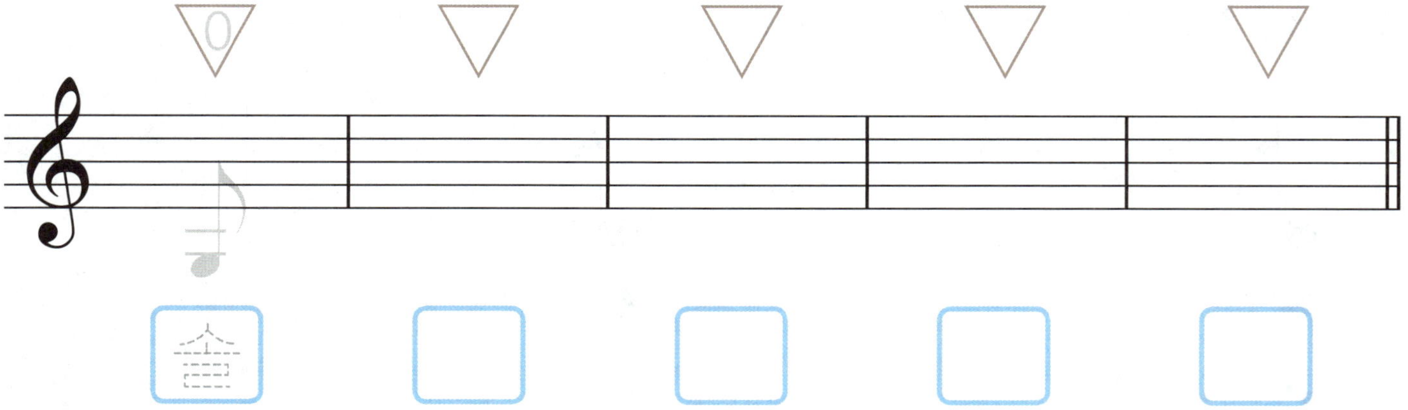

'솔' 줄 1번 손가락 '라'음

'라' 음은 '솔' 줄에서 1번 자리를 1번 손가락으로 누릅니다.

지판위의 계이름을 따라서 써 보세요.

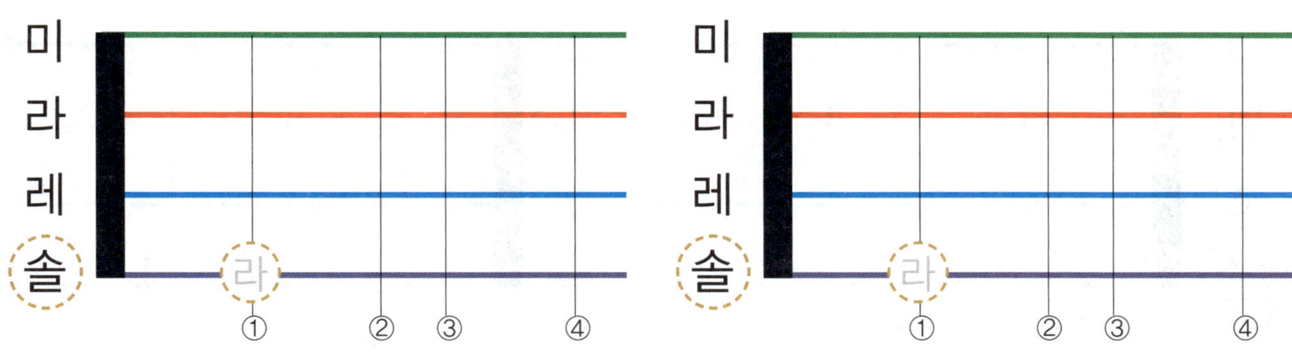

오선에서 아래 둘째줄이 '라' 자리입니다. 따라서 그리고, 써 보세요.

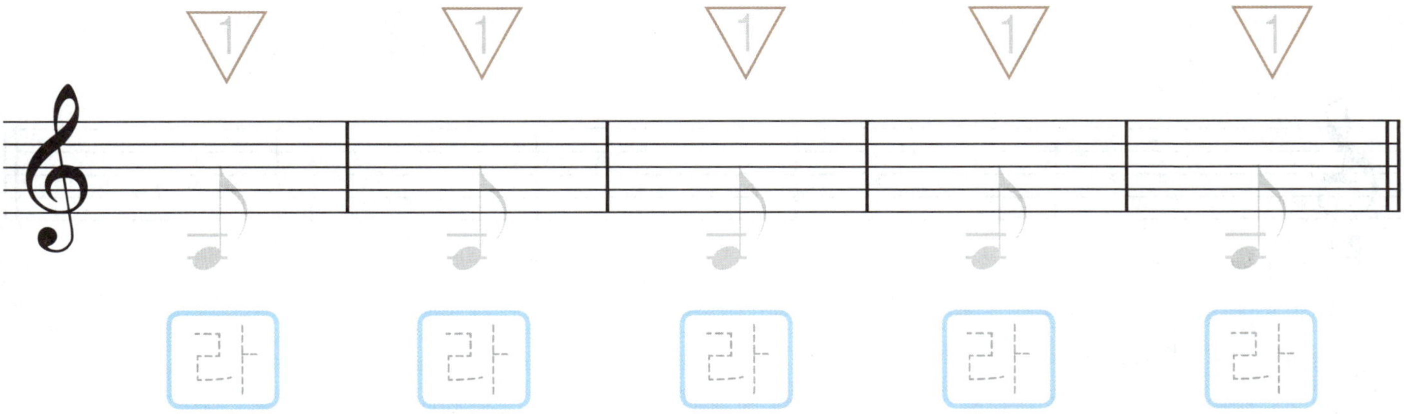

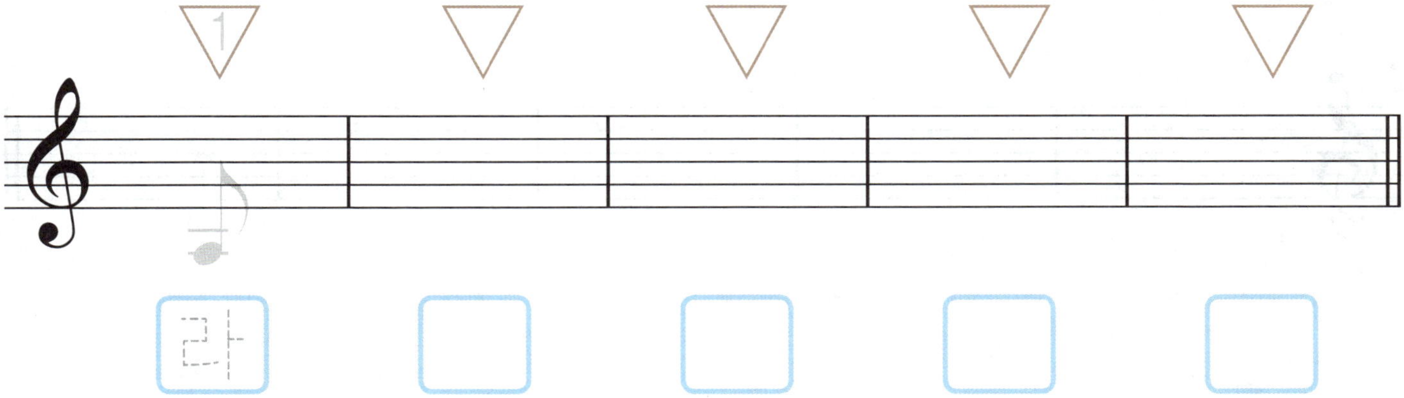

'솔' 줄 2번 손가락 '시'음

'시'음은 '솔' 줄에서 2번 자리를 2번 손가락으로 누릅니다.

 지판위의 계이름을 따라서 써 보세요.

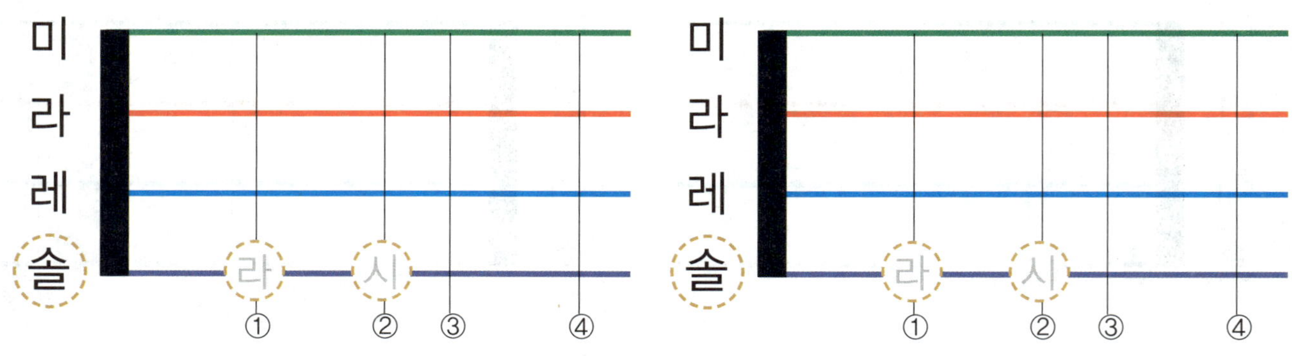

오선에서 아래 둘째칸이 '시' 자리입니다. 따라서 그리고, 써 보세요.

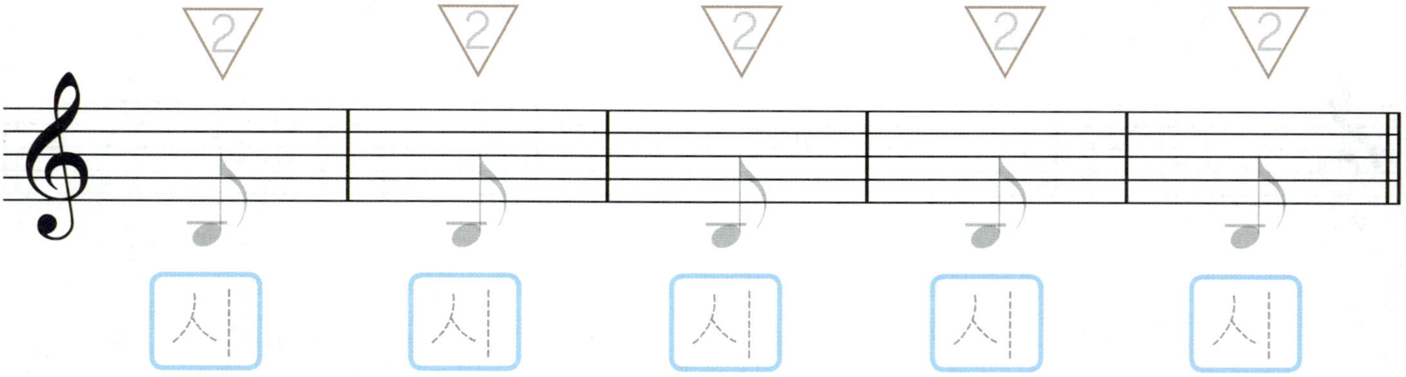

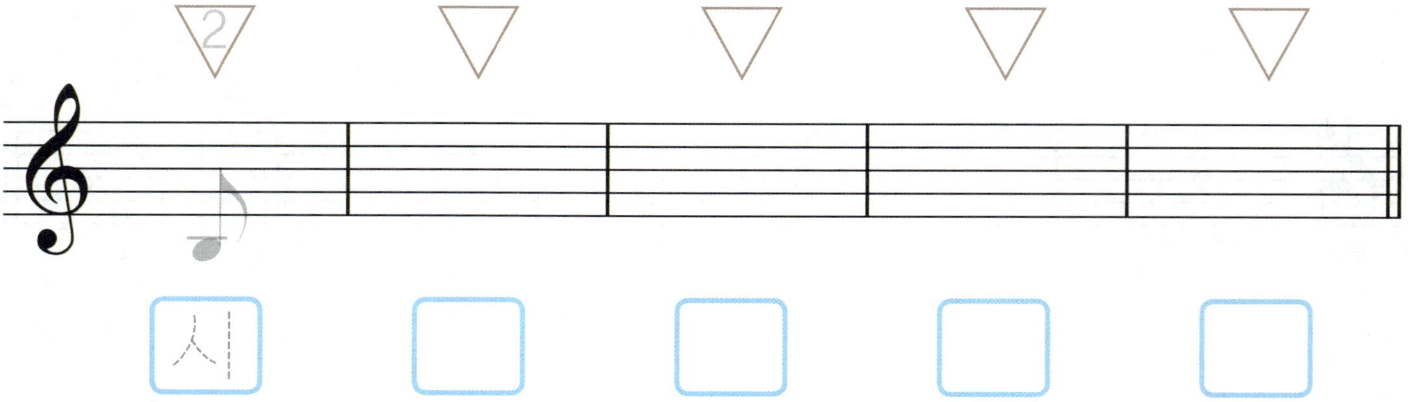

'솔, 라, 시' 종합 공부

계이름과 손가락 번호를 쓰고, 지판 손가락 위치에 ◯ 표시를 하세요.

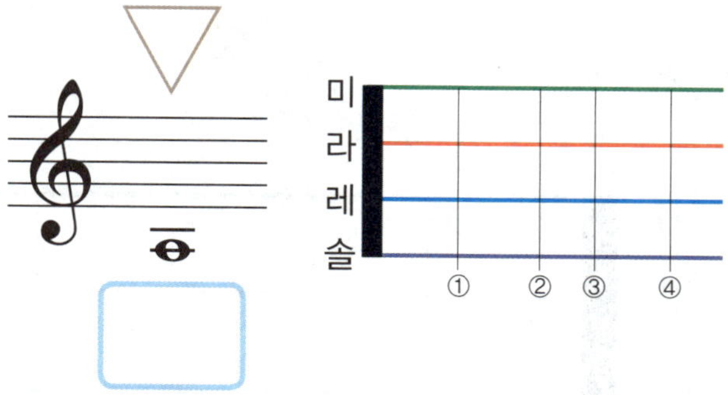

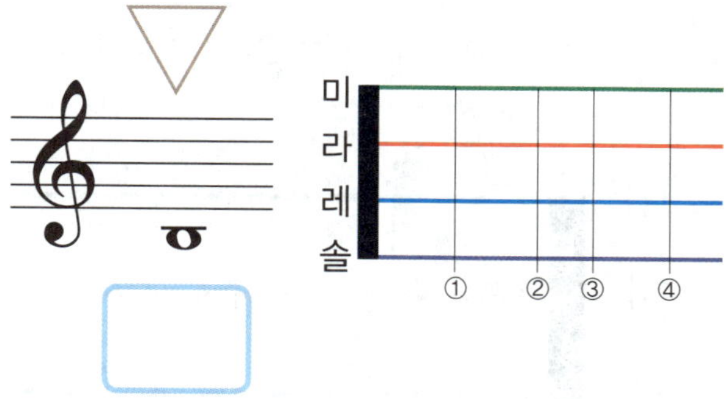

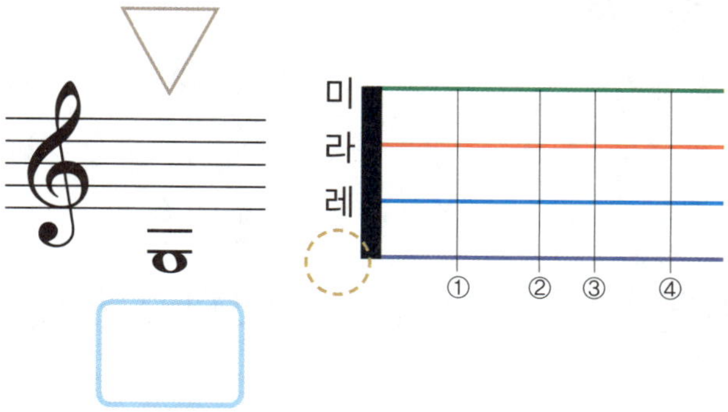

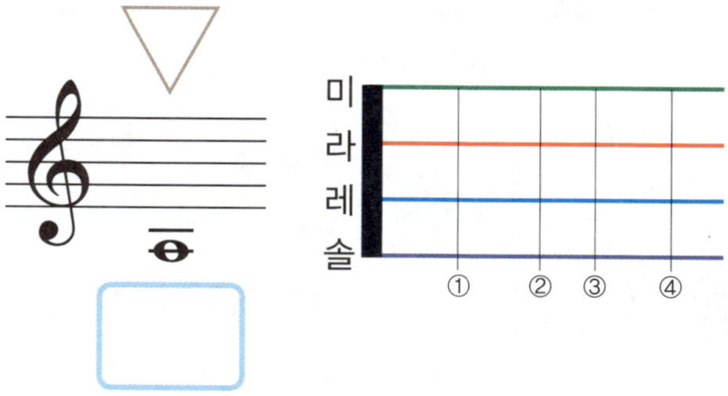

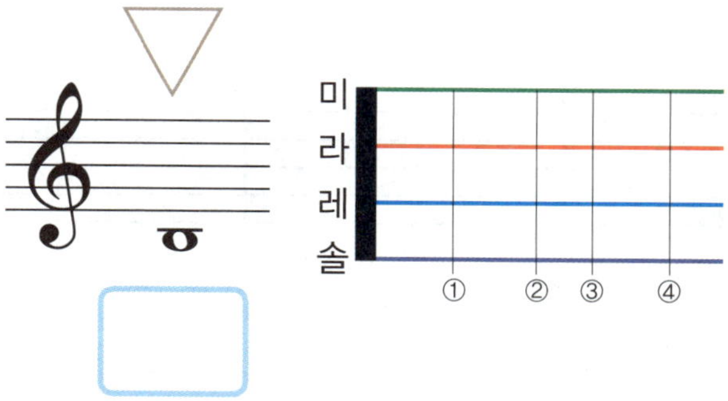

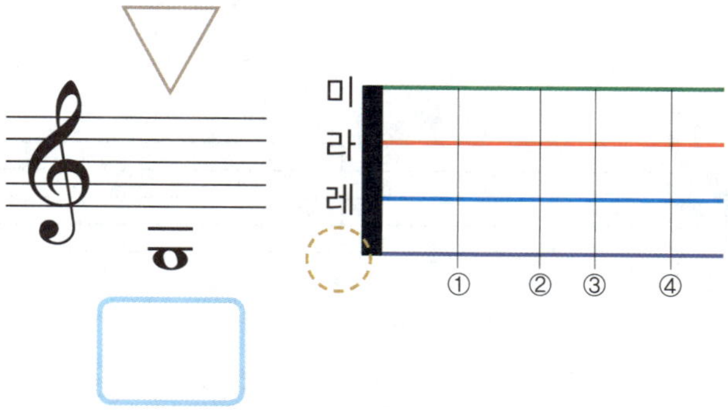

지판 위의 ◯ 안에 계이름을 써 보세요.

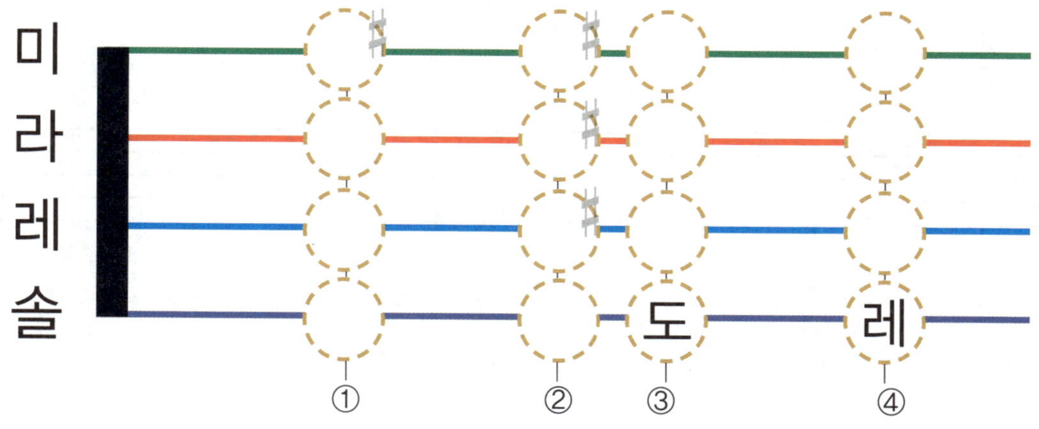

 ## '솔' 줄 3번 손가락 '도' 음

'도' 음은 '솔' 줄에서 3번 자리를 3번 손가락으로 누릅니다.

 지판 위의 계이름을 따라서 써 보세요.

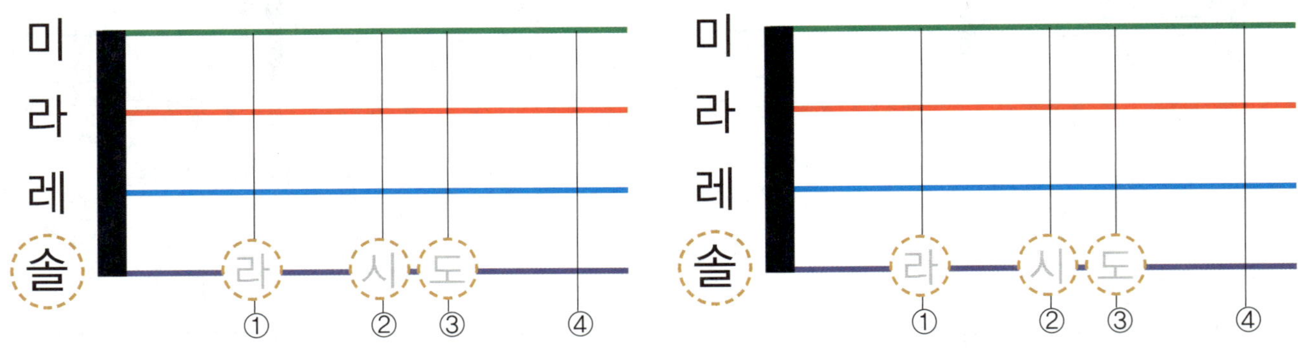

오선에서 아래 첫째줄이 '도' 자리입니다. 따라서 그리고, 써 보세요.

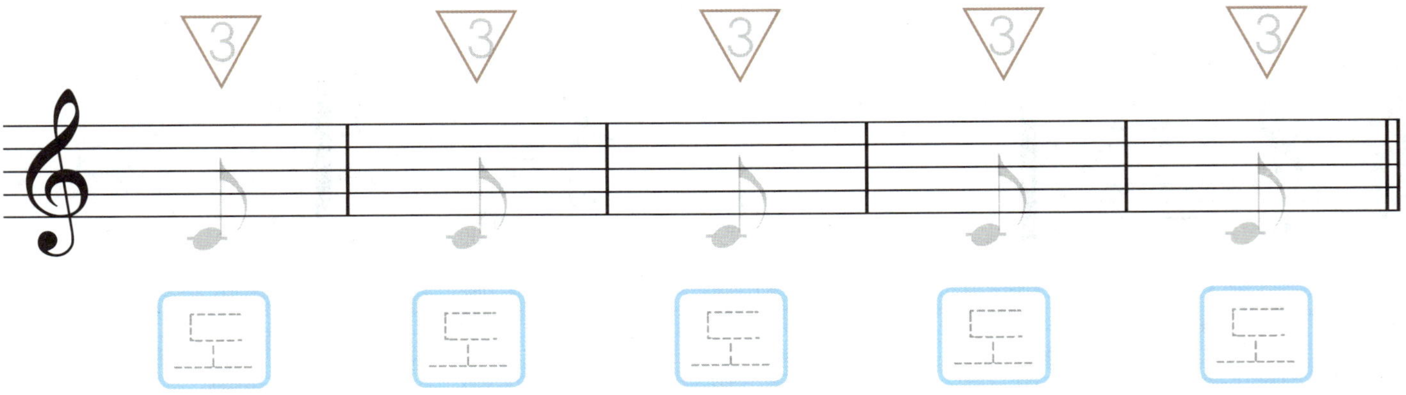

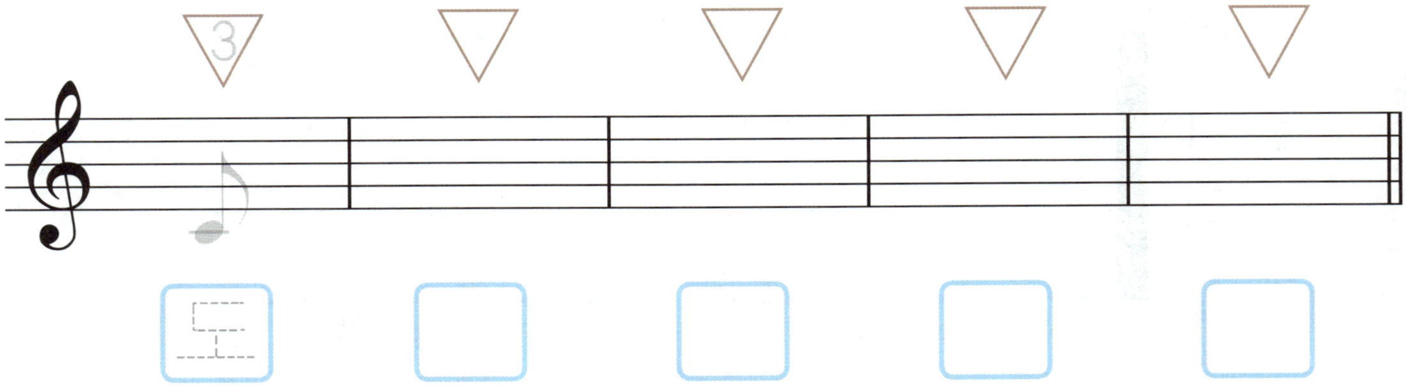

 # '솔' 줄 4번 손가락 '레'음

'레' 음은 '솔' 줄에서 4번 자리를 4번 손가락으로 누릅니다.

🎻 지판 위의 계이름을 따라서 써 보세요.

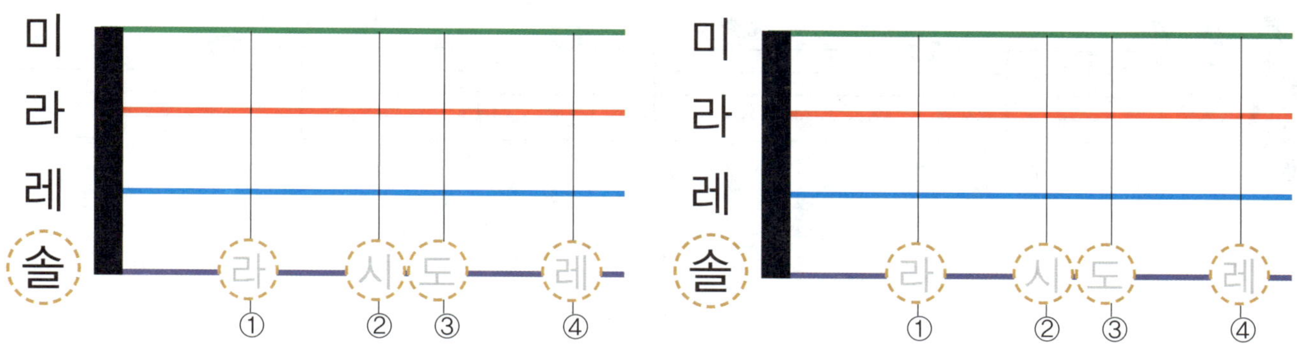

🎻 오선에서 아래 첫째칸이 '레' 자리입니다. 따라서 그리고, 써 보세요.

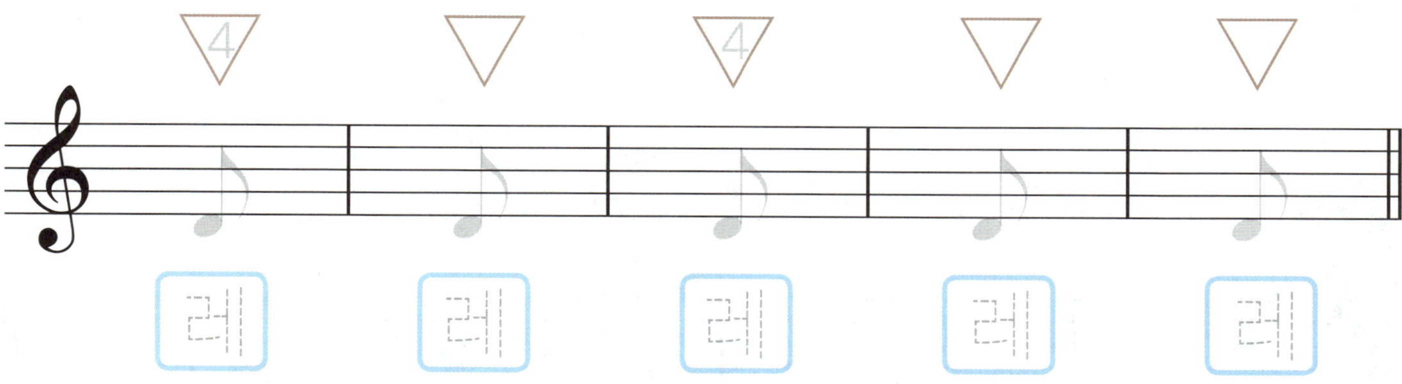

🎻 '레' 줄 개방현 '레'와 '솔' 줄 '레' 음은 음 높이가 같고, 연주 시 손가락 번호 0 또는 4로 구별합니다. 따라서 그리고, 써 보세요.

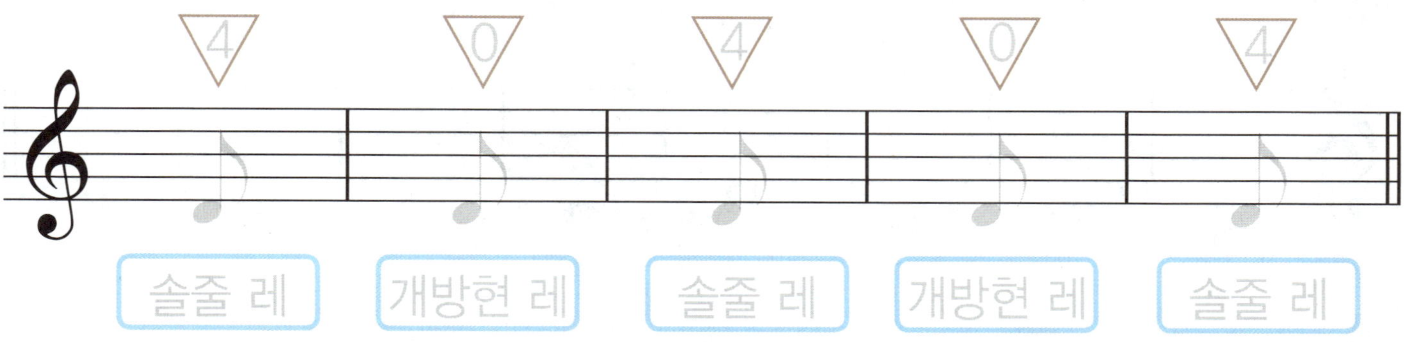

 각 줄에서 계이름 연습

 손가락 번호와 계이름을 써 보세요.

미 줄

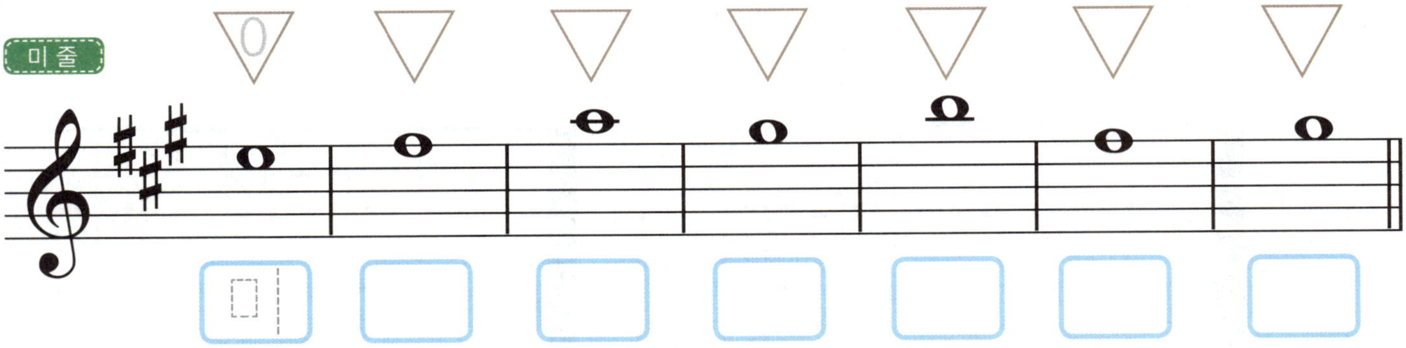

라 줄

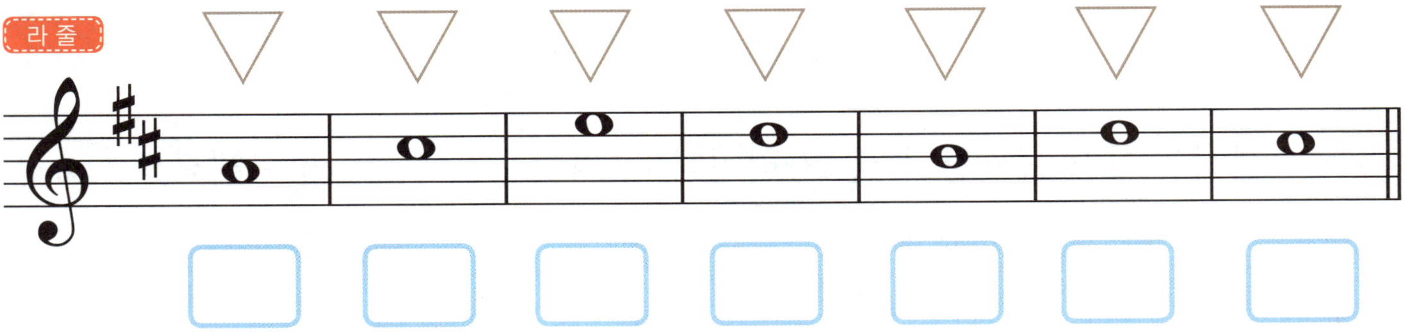

레 줄

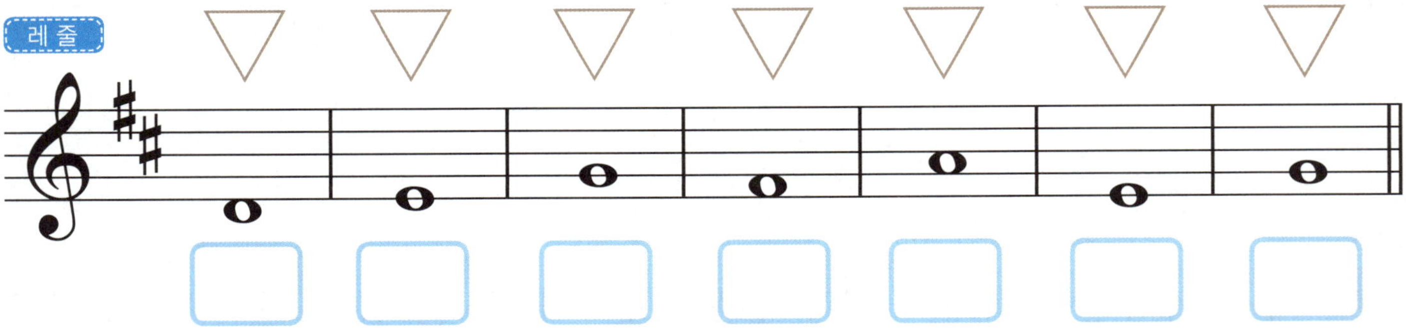

솔 줄

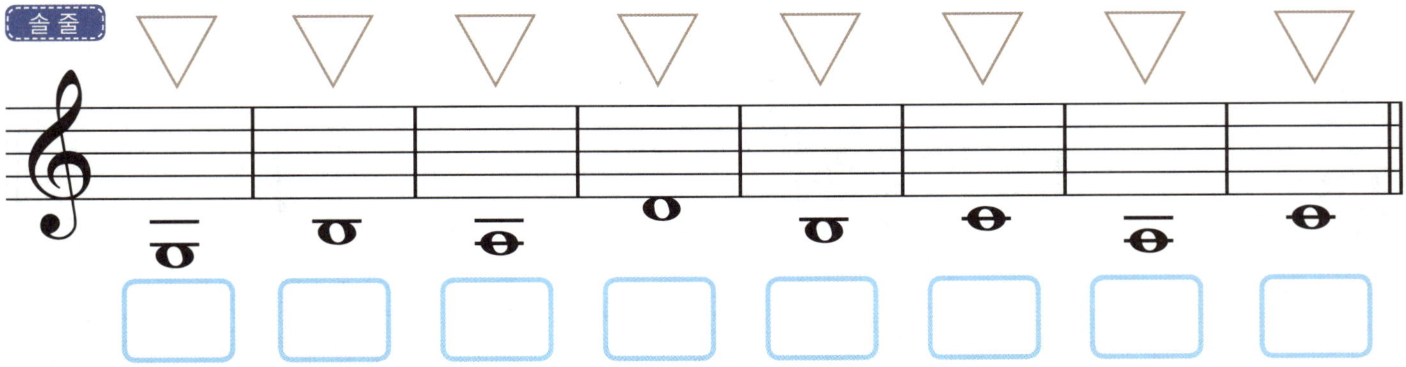

지판 위의 계이름을 따라서 써 보세요.

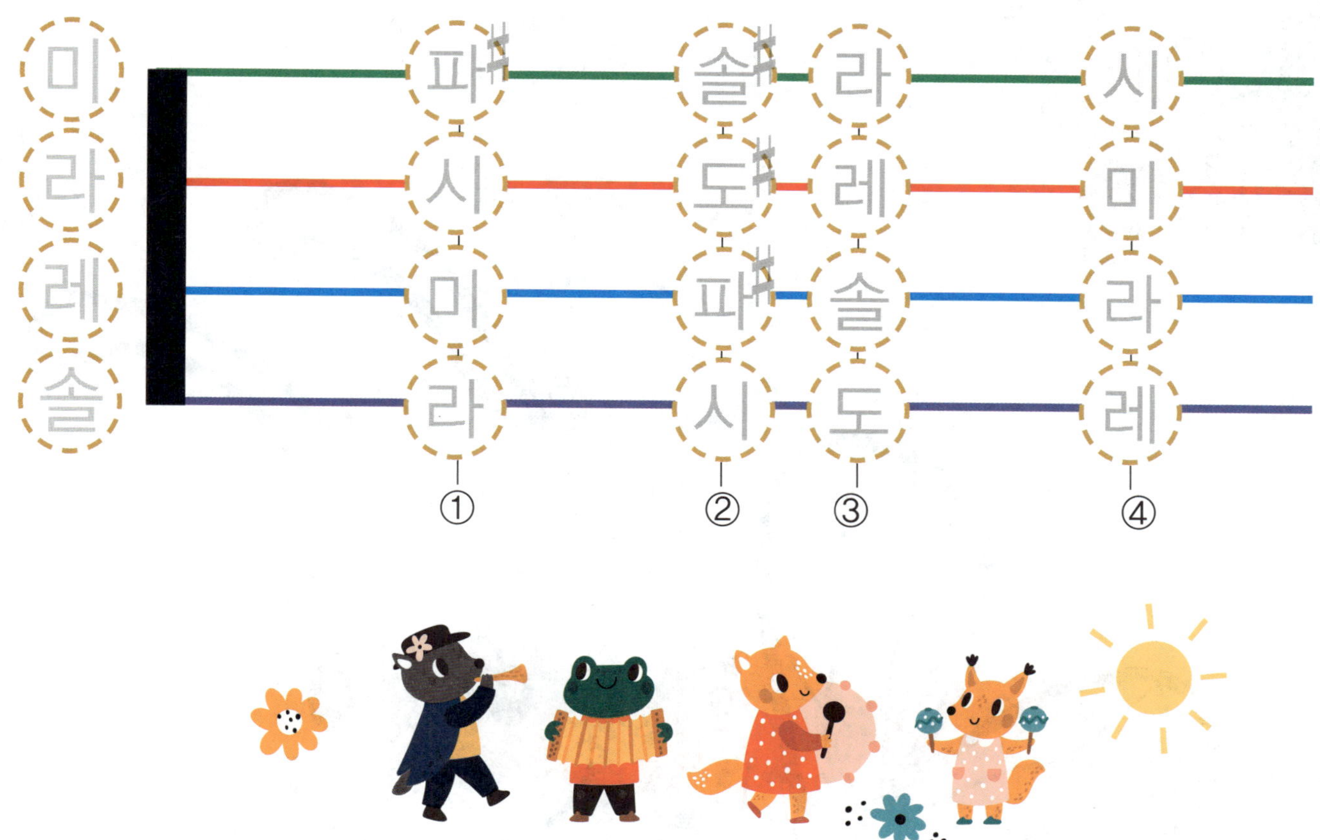

안에 계이름을 써 보세요.

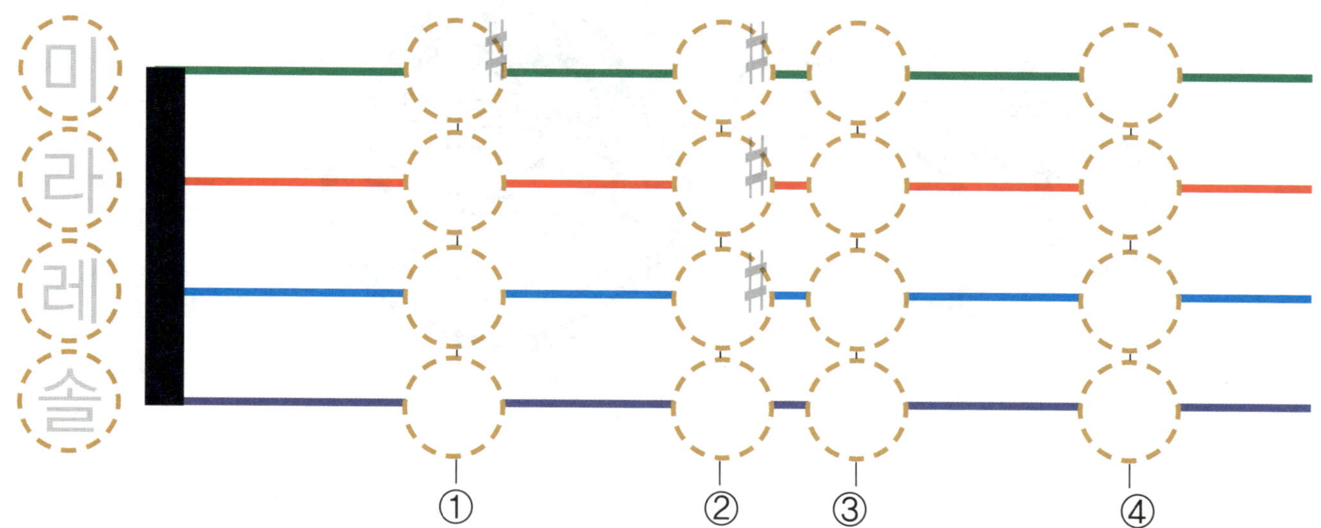

1부터 25까지 숫자잇기를 해 보세요. 무엇일까요?
그리고 예쁘게 색칠해 주세요.

활쓰기 표기

내림활()

내림활(□)은 연주 시 활을 아래 방향으로 내리면서 연주하라는 표기입니다.

따라서 그리고, 써 보세요.

활을 아래 방향으로 내리면서 연주한다.

올림활(∨)

올림활(∨)은 연주 시 활을 위쪽 방향으로 올리면서 연주하라는 표기입니다.

따라서 그리고, 써 보세요.

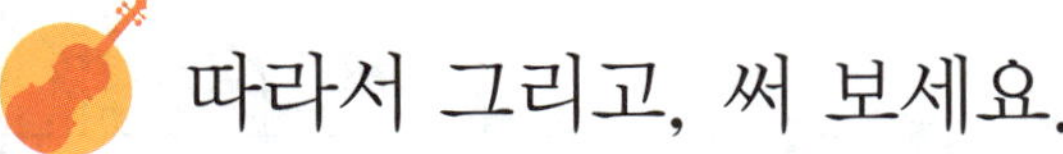

활을 위쪽 방향으로 올리면서 연주한다.

연주곡으로 각 줄 연습

계이름과 손가락 번호를 쓰고, 활쓰기 기호를 따라서 그려 보세요.

비행기 (라 줄)

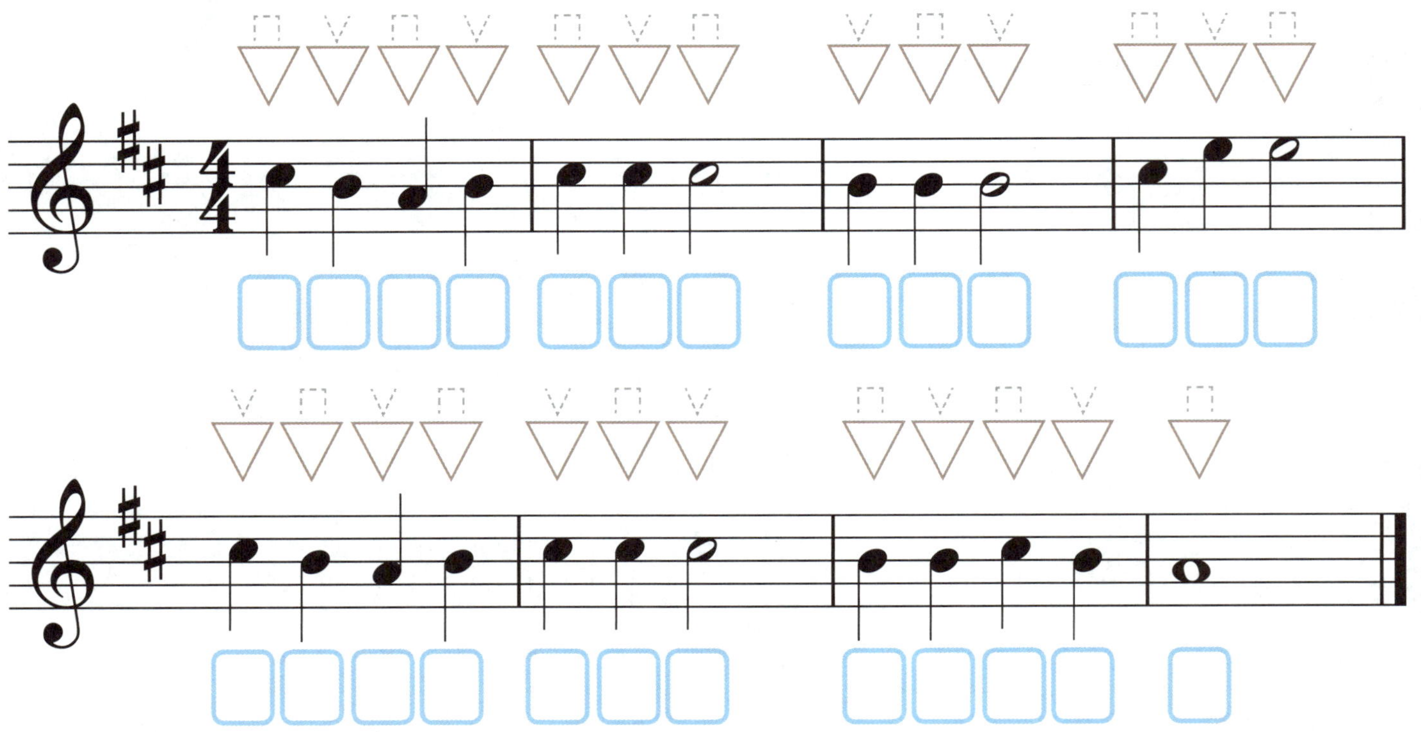

비행기 (미 줄)

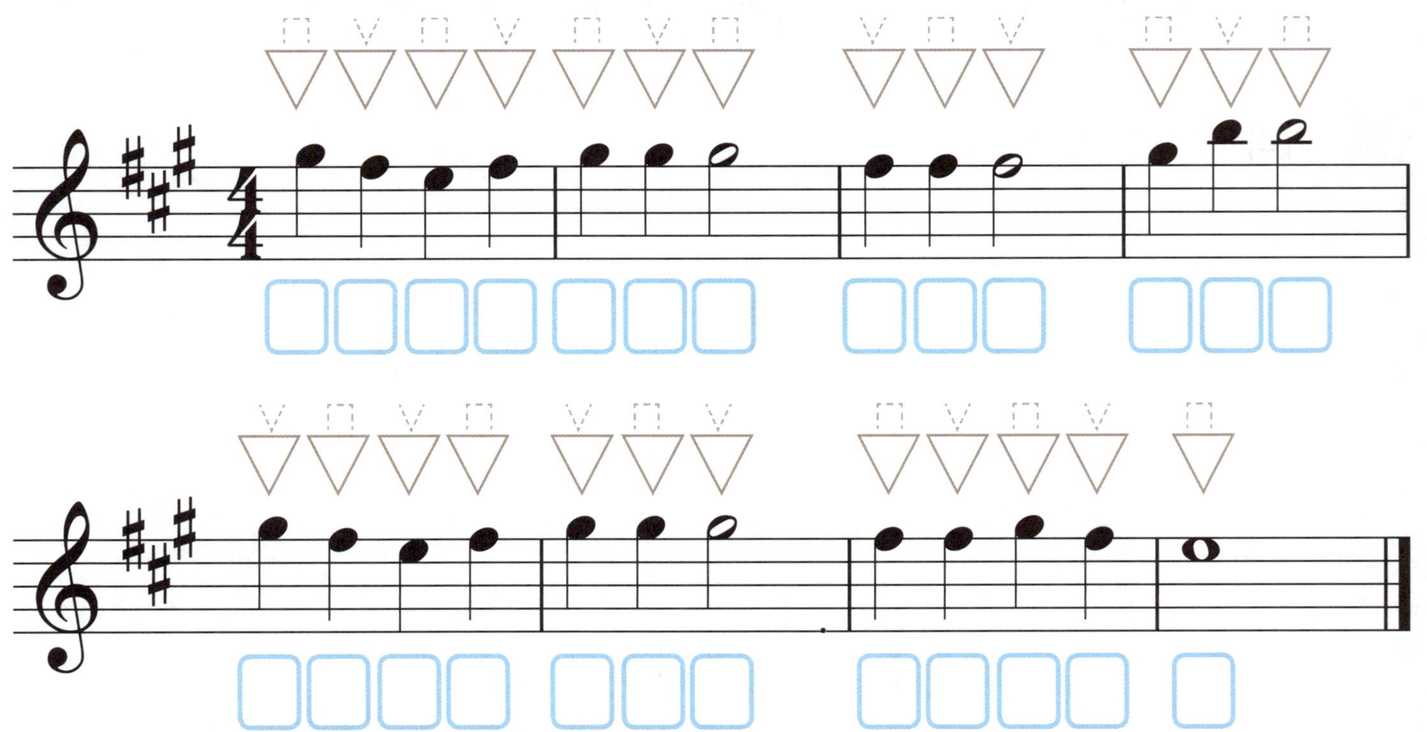

 계이름과 손가락 번호를 쓰고, 활쓰기 기호를 따라서 그려 보세요.

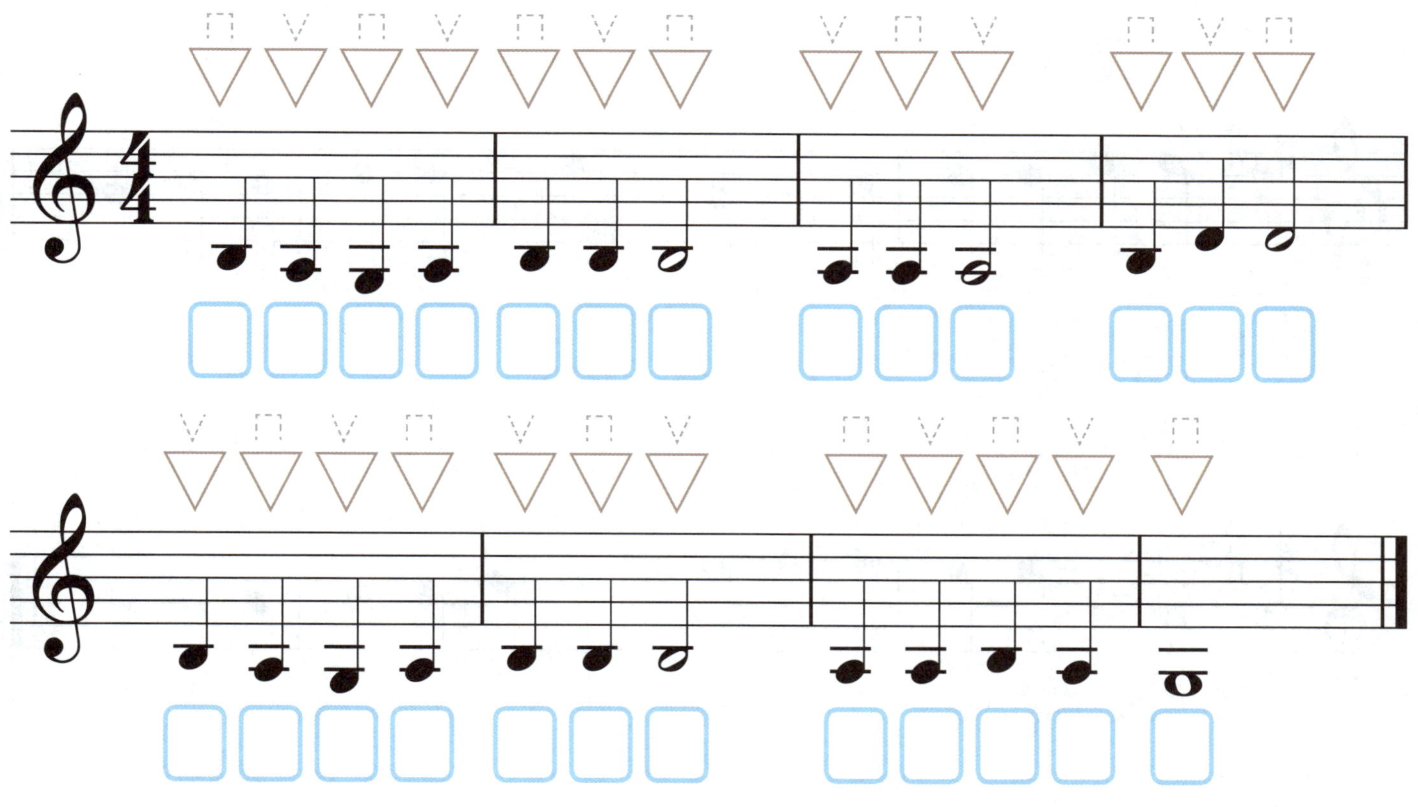

계이름과 손가락 번호를 써 보세요.

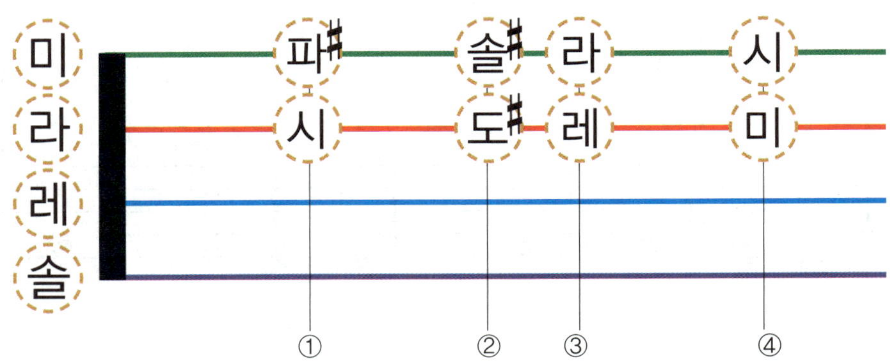

 계이름과 손가락 번호를 써 보세요.

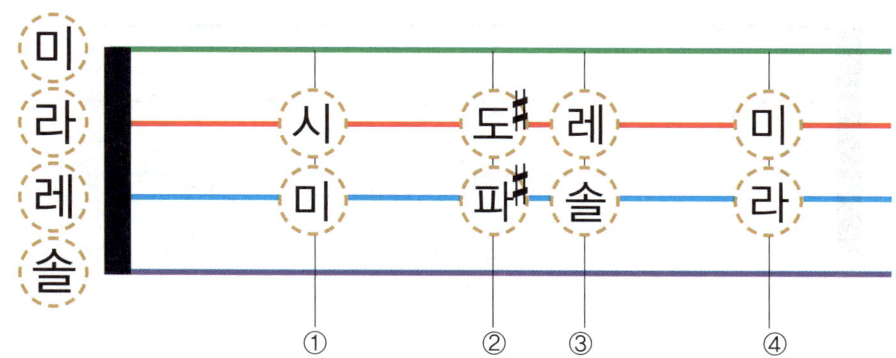

 계이름과 손가락 번호를 써 보세요.

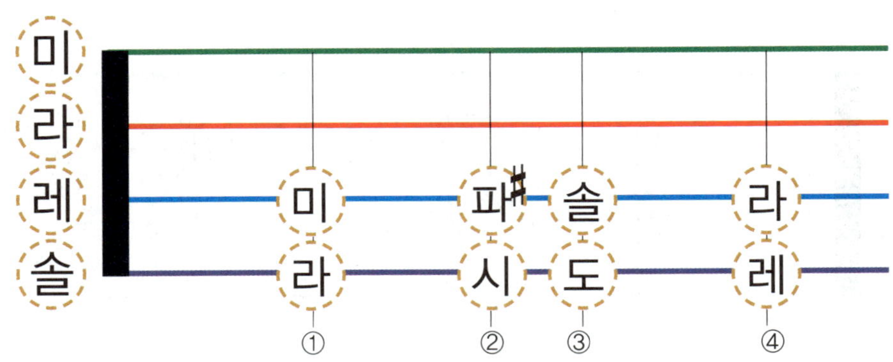

귀여운 토끼가 안전하게 집에 도착할 수 있도록
길을 찾아주세요.

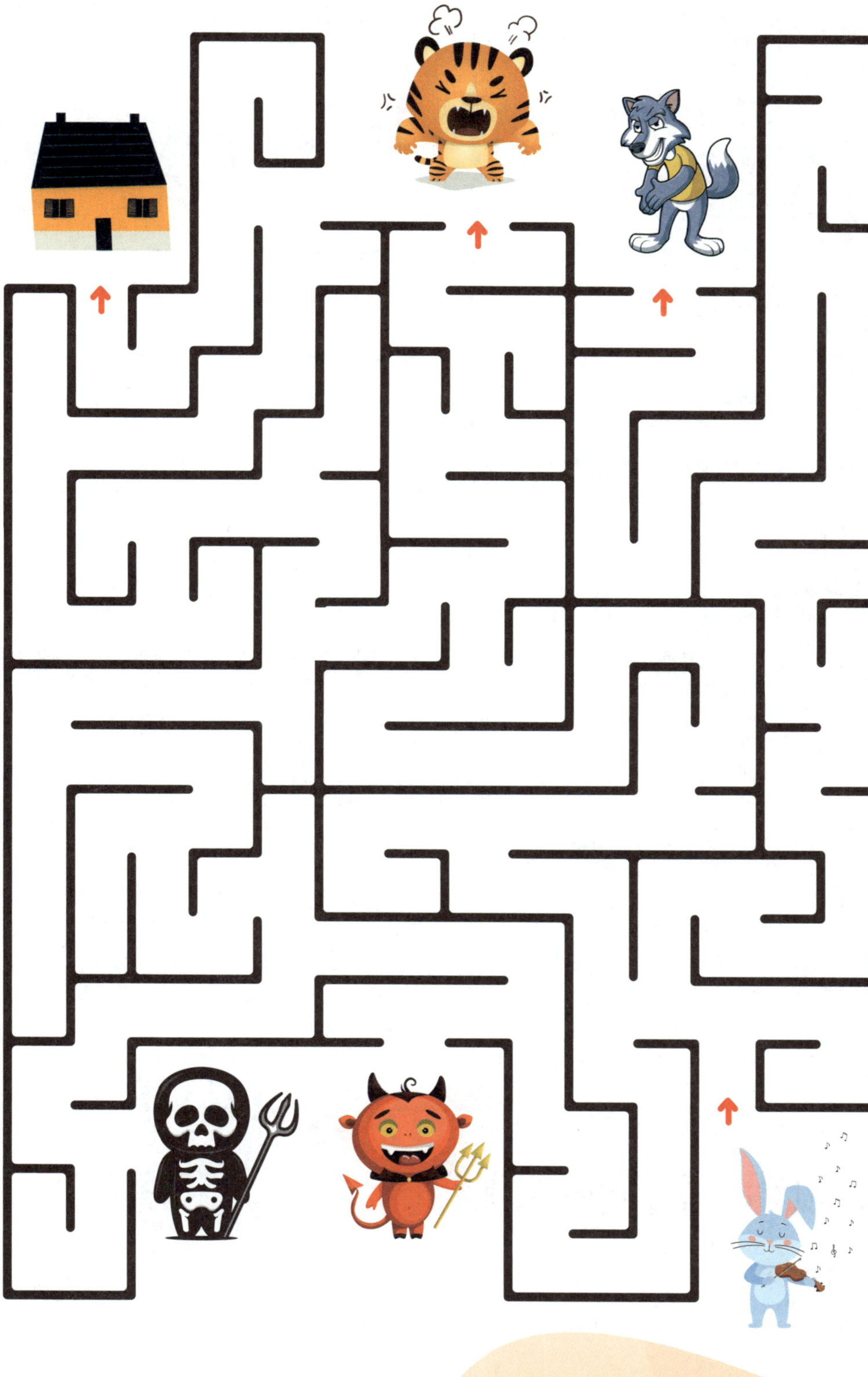

음표 복습

 따라서 그리고, 쓴 다음 박 수만큼 색칠해 보세요.

온음표(o)

음표	이름	박 수	길이
o	온음표	4 박	
	온음표	4 박	
	온음표	4 박	
	온음표	4 박	

2분음표(♩)

음표	이름	박 수	길이
♩	2분음표	2 박	
	2분음표	2 박	
	2분음표	2 박	
	2분음표	2 박	

서로 맞는 것끼리 줄을 이어 보세요.

따라서 그리고, 쓴 다음 박 수만큼 색칠해 보세요.

4분음표(♩)

음표	이름	박 수	길이
♩	4분음표	1박	
♩	4분음표	1박	
♩	4분음표	1박	
♩	4분음표	1박	

8분음표(♪)

음표	이름	박 수	길이
♪	8분음표	반 박	
♪	8분음표	반 박	
♪	8분음표	반 박	
♪	8분음표	반 박	

서로 맞는 것끼리 줄을 이어 보세요.

- 8분음표

- 4분음표

점2분음표

점2분음표(♩.)의 점(•)은 4분음표(♩=1박)을 나타냅니다.

이름	박 수	길이
♩ + ♩ = ♩. 점2분음표	3박	🍎 🍎 🍎 🍏 1박　2박　3박

 따라서 그리고, 쓴 다음 박 수만큼 색칠해 보세요.

음표	이름	박 수	길이
♩.	점2분음표	3박	🍎 🍎 🍎 🍏
♩.	점2분음표	3박	🍏 🍏 🍏 🍏
♩.	점2분음표	3박	♡ ♡ ♡ ♡
♩.	점2분음표	3박	♡ ♡ ♡ ♡

 서로 맞는 것끼리 줄을 이어 보세요.

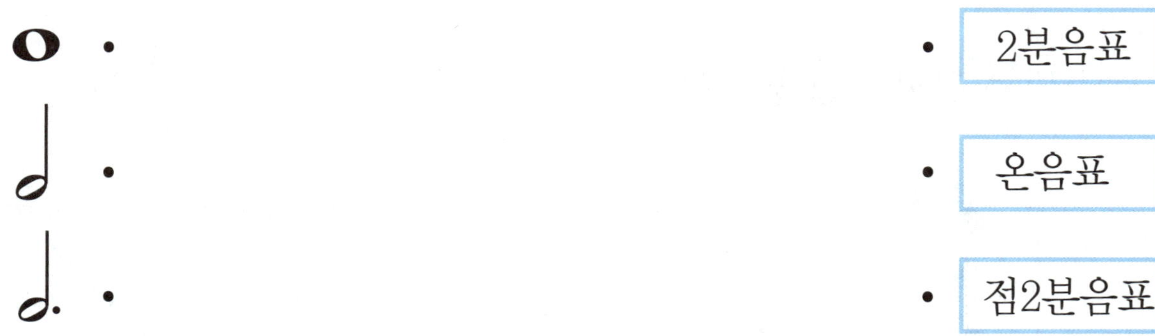

점4분음표(♩.)의 점(•)은 8분음표 (♪ =반 박)을 나타냅니다.

이름	박 수	길이
♩ + ♪ = ♩. 점4분음표	1박 반	 1박　　반 박

 따라서 그리고, 쓴 다음 박 수만큼 색칠해 보세요.

음표	이름	박 수	길이
♩.	점4분음표	1박 반	
♩.	점4분음표	1박 반	
♩.	점4분음표	1박 반	
♩.	점4분음표	1박 반	

 서로 맞는 것끼리 줄을 이어 보세요.

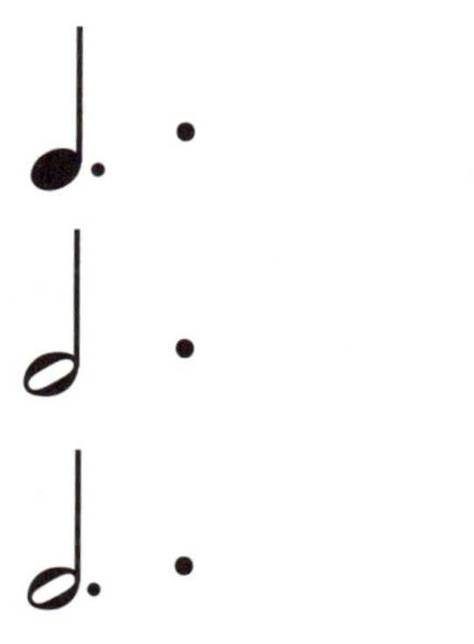

• 2분음표

• 점4분음표

• 점2분음표

온쉼표

온쉼표는 4박을 쉽니다. 오선의 넷째줄 아래로 그려서 나타냅니다.

이름	쉬는 박 수	쉬는 길이
온쉼표	4박	1박 2박 3박 4박

온쉼표를 따라서 그려 보세요(─ → ☐ → ■).

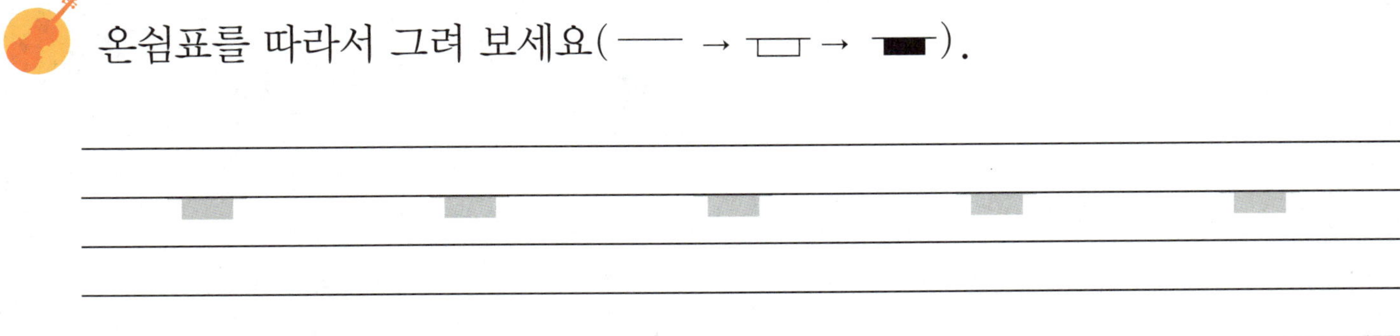

따라서 그리고, 쓴 다음 쉬는 박 수만큼 색칠해 보세요.

쉼표	이름	쉬는 박 수	쉬는 길이
▬	온쉼표	4박	
▬	온쉼표	4박	
▬	온쉼표	4박	
▬	온쉼표	4박	

2분쉼표

2분쉼표는 2박을 쉽니다. 오선의 셋째줄 위로 그려서 나타냅니다.

	이름	쉬는 박 수	쉬는 길이
▬	2분쉼표	2박	🍎🍎🍎🍎

1박 2박

2분쉼표를 따라서 그려 보세요(—— → ☐ → ▬).

따라서 그리고, 쓴 다음 쉬는 박 수만큼 색칠해 보세요.

쉼표	이름	쉬는 박 수	쉬는 길이
▬	2분쉼표	2박	🍎🍎🍎🍎
▬	2분쉼표	2박	🍎🍎🍎🍎
▬	2분쉼표	2박	🍎🍎🍎🍎
▬	2분쉼표	2박	🍎🍎🍎🍎

4분쉼표는 1박을 쉽니다. 오선의 둘째줄 위로 그려서 나타냅니다.

	이름	쉬는 박 수	쉬는 길이
 	4분쉼표	1박	

1박

 4분쉼표를 따라서 그려 보세요(→ →).

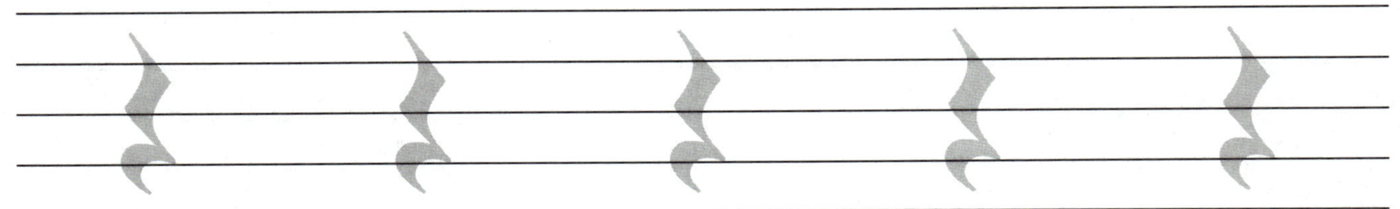

 따라서 그리고, 쓴 다음 쉬는 박 수만큼 색칠해 보세요.

쉼표	이름	쉬는 박 수	쉬는 길이
	4분쉼표	4박	
	4분쉼표	4박	
	4분쉼표	4박	
	4분쉼표	4박	

8분쉼표는 반 박을 쉽니다. 오선의 셋째칸에 그려서 나타냅니다.

	이 름	쉬는 박 수	쉬는 길이
♪	8분쉼표	반 박	

반박

8분쉼표를 따라서 그려 보세요(○→●→♪→♪).

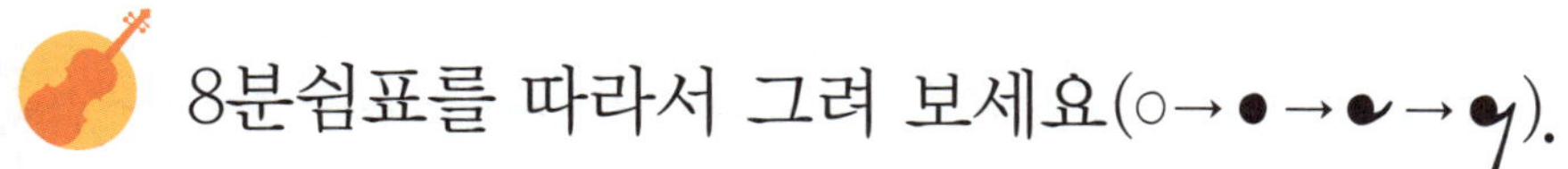

따라서 그리고, 쓴 다음 쉬는 박 수만큼 색칠해 보세요.

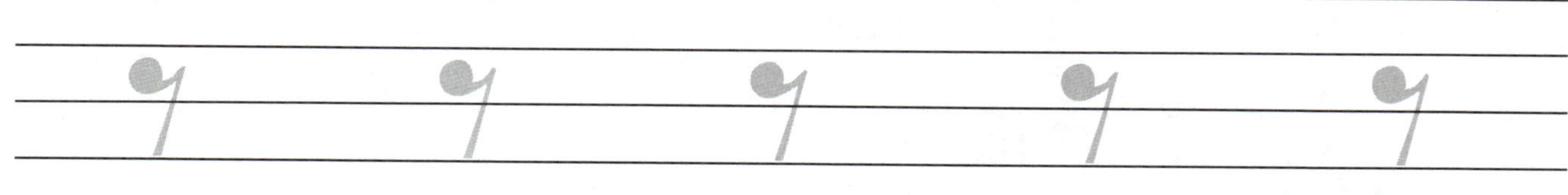

쉼표	이름	쉬는 박 수	쉬는 길이
♪	8분쉼표	반 박	
♪	8분쉼표	반 박	
♪	8분쉼표	반 박	
♪	8분쉼표	반 박	

음표와 쉼표

 음표를 따라서 그리고, 쓴 다음 박 수만큼 색칠해 보세요.

음표	이름	박 수	길이
o	온음표	4박	
♩.	점2분음표	3박	
♩	2분음표	2박	
♩.	점4분음표	1박반	
♩	4분음표	1박	
♪	8분음표	반박	

쉼표를 따라서 그리고, 쓴 다음 쉬는 박 수만큼 색칠해 보세요.

쉼표	이름	쉬는 박 수	쉬는 길이
▬	온쉼표	4박	
▬	2분쉼표	2박	
𝄽	4분쉼표	1박	
𝄾	8분쉼표	반박	

 음표 박 수와 이름이 맞도록 줄로 이어 보세요.

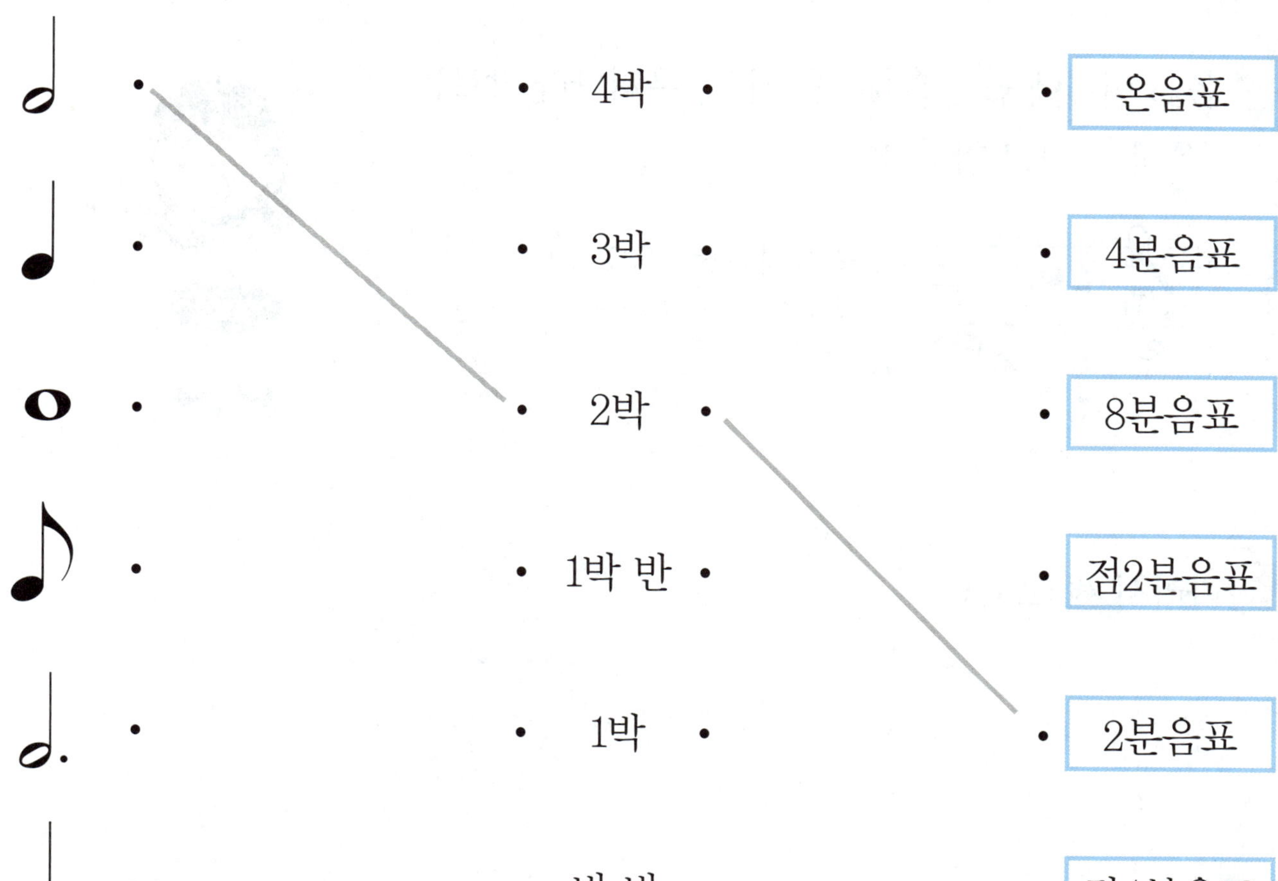

쉼표 박 수와 이름이 맞도록 줄로 이어 보세요.

 따라서 써 보세요.

> 음표 머리에 붙은 ♯ 표시는 '샤프'
> 우리나라 말로는 '올림표' 라고 합니다.

> ♯가 붙은 음은 반음 올려서 연주합니다.

 ♯를 따라서 그리고, 써 보세요.

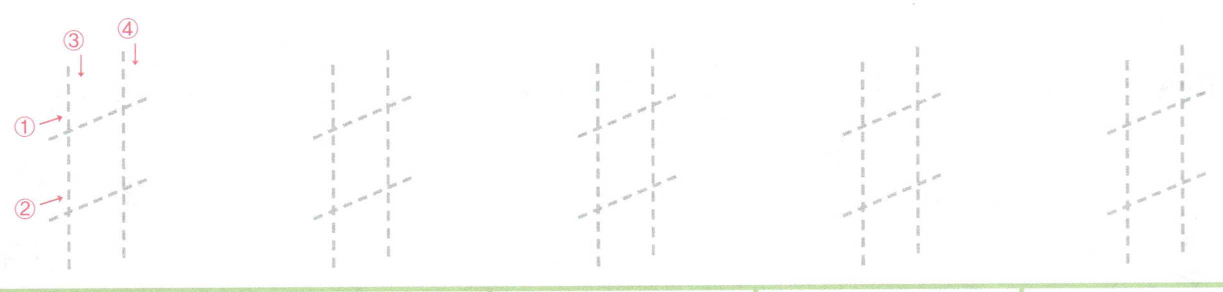

샤프	샤프	샤프	샤프	샤프
올림표	올림표	올림표	올림표	올림표

내림표 ♭

음표 머리에 붙은 ♭ 표시를 플랫, 우리나라 말로는
'내림표' 라고 합니다.

내림표 ♭가 붙은 음은
반음 내려서 연주합니다.

 따라서 써 보세요.

음표 머리에 붙은 ♭ 표시는 '플랫'
우리나라 말로는 '내림표' 라고 합니다.

♭가 붙은 음은 반음 내려서 연주합니다.

♭를 따라서 그리고, 써 보세요.

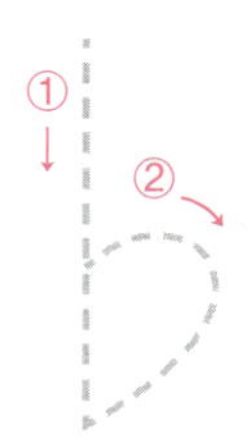    

플랫	플랫	플랫	플랫	플랫
내림표	내림표	내림표	내림표	내림표

음표 머리에 붙은 ♮ 표시를 내추럴, 우리나라 말로는
'제자리표' 라고 합니다.

제자리표 ♮는 ♯ 나 ♭이 붙은 음을
♯ 나 ♭이 붙기 전의 원래 음을 연주합니다.

 따라서 써 보세요.

음표 머리에 붙은 ♮ 표시는 '내추럴'
우리나라 말로는 '제자리표' 라고 합니다.

제자리표 ♮은 ♯ 나 ♭이 붙은 음을
♯ 나 ♭이 붙기 전의 원래 음을 연주합니다

 ♮를 따라서 그리고, 써 보세요.

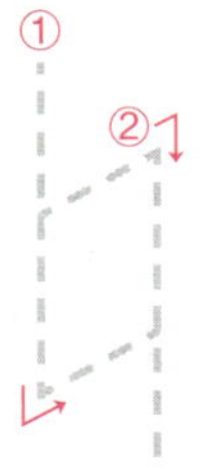

내추럴	내추럴	내추럴	내추럴
제자리표	제자리표	제자리표	제자리표

 따라서 그리고, 써 보세요.

음표	이름	뜻
♯	샤프	반음 올려서 연주한다.
♯	올림표	반음 올려서 연주한다.
♭	플랫	반음 내려서 연주한다.
♭	내림표	반음 내려서 연주한다.
♮	내추럴	♯, ♭가 붙기 전의 원래 음을 연주한다
♮	제자리표	♯, ♭가 붙기 전의 원래 음을 연주한다

 서로 맞는 것끼리 줄을 이어 보세요.

♯ ·

♭ ·

♮ ·

· 내추럴 ·

· 샤프 ·

· 플랫 ·

· 반음 올려서 연주한다.

· 반음 내려서 연주한다.

· ♯, ♭가 붙기 전의 원래 음을 연주한다.

악곡의 조를 나타내는 표를 조표라고 합니다.
조표는 악보에서 음자리표 다음에 나타냅니다.

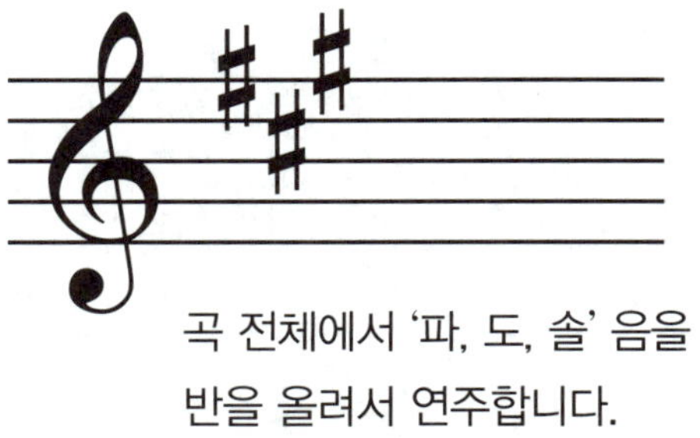

곡 전체에서 '파, 도, 솔' 음을
반을 올려서 연주합니다.

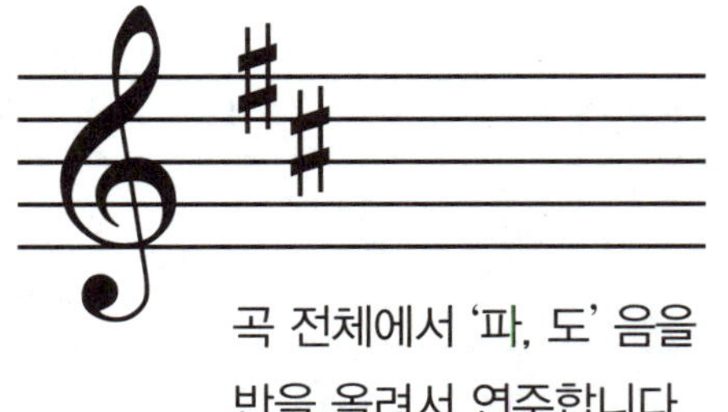

곡 전체에서 '파, 도' 음을
반을 올려서 연주합니다.

조표 붙는 순서

조표에는 붙는 순서가 있습니다.

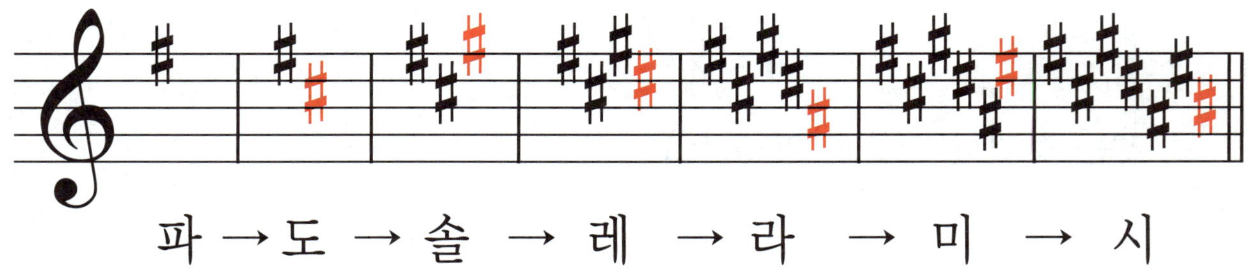

 조표 붙는 순서를 따라서 써 보세요.

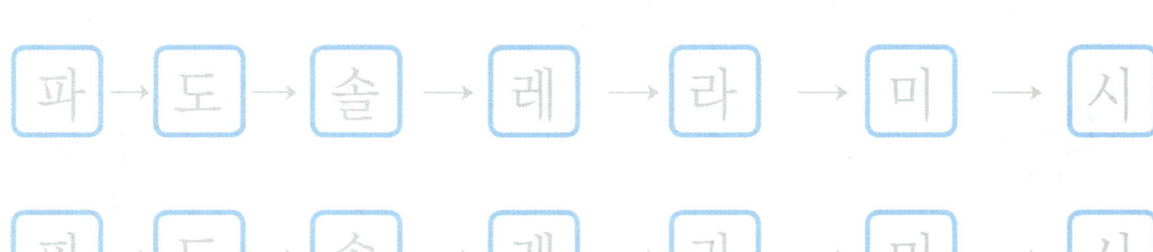

 조표 붙는 순서를 써 보세요.

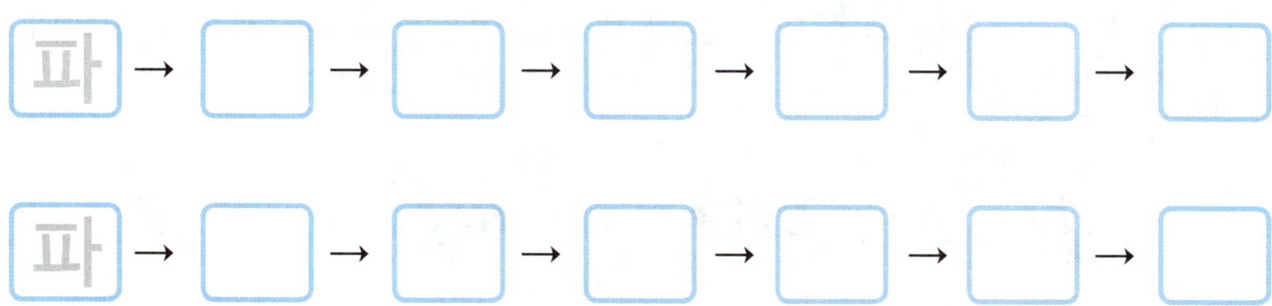

 조표를 순서대로 따라서 그려 보세요(ㄱ→ㄴ→♮→♯).

 순서대로 따라서 그리고, 써 보세요.

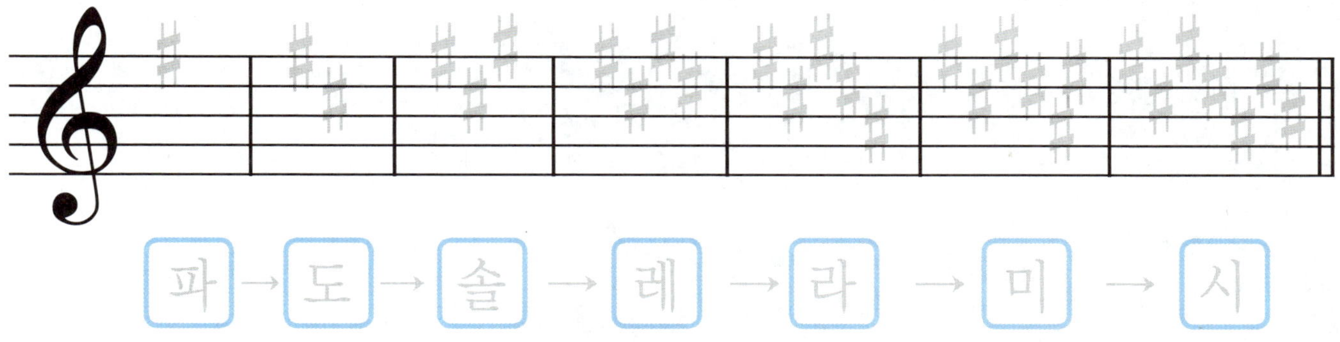

셈여림표

셈여림는 연주할 때 어느 정도의 세기로 연주할지 지시하는 표입니다.

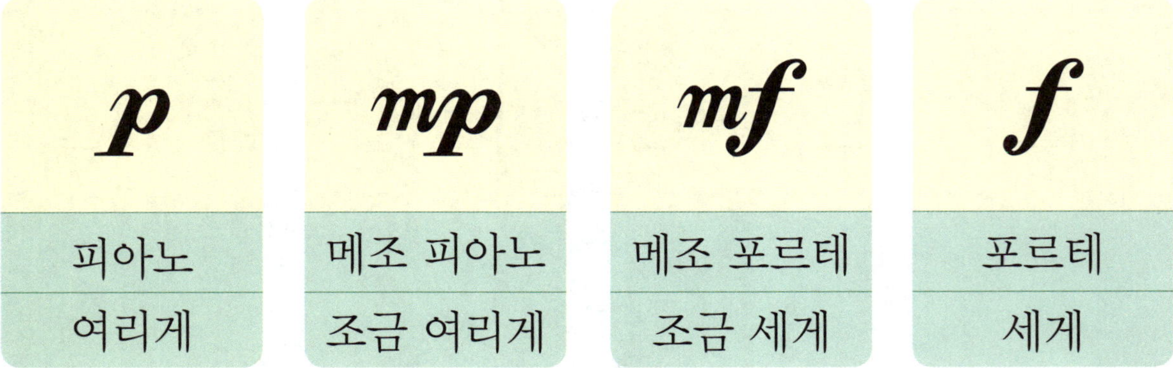

p	**mp**	**mf**	**f**
피아노	메조 피아노	메조 포르테	포르테
여리게	조금 여리게	조금 세게	세게

 여린 셈여림표를 따라서 그리고, 써 보세요.

셈여림표	읽기	뜻
p	피아노	여리게
mp	메조 피아노	조금 여리게

 센 셈여림표를 따라서 그리고, 써 보세요.

셈여림표	읽기	뜻
mf	메조 포르테	조금 세게
f	포르테	세게

맞는 것끼리 줄로 이어 보세요.

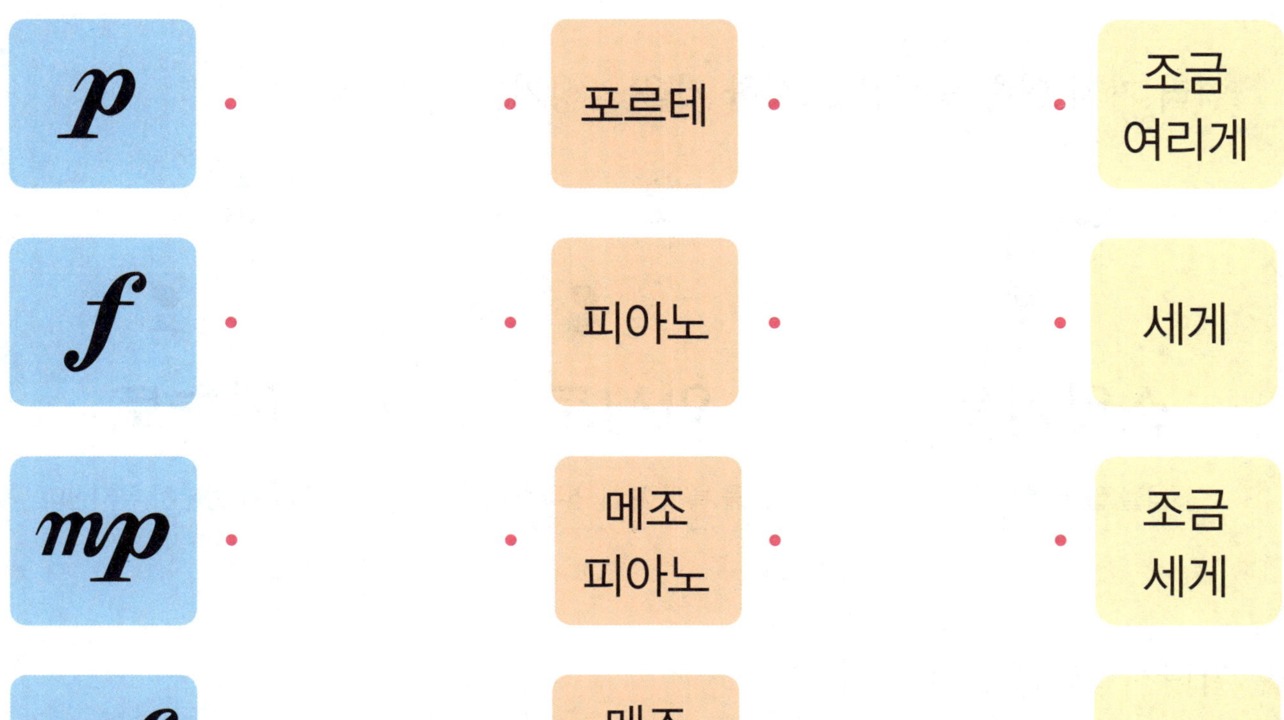

샘여림표와 어울리는 그림을 줄로 이어 보세요.

악상기호

여러 가지 연습 방법을 표시한 것을 악상기호라고 합니다.

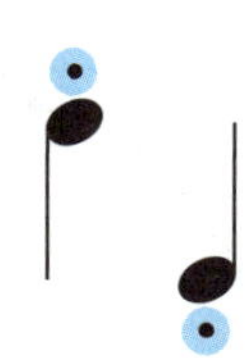

스타카토

음을 짧게 연주한다.

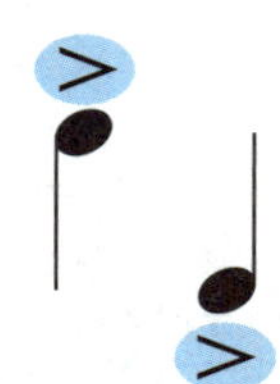

악센트

음을 특히 세게 연주한다.

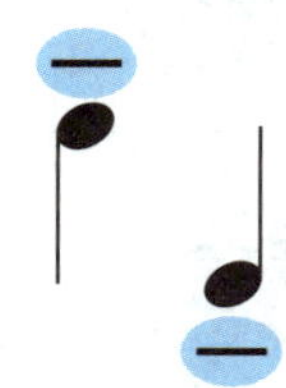

테누토

음 길이를 충분히 유지한다.

 따라서 그리고, 써 보세요.

	스타카토	음을 짧게 연주한다.
	악센트	음을 특히 세게 연주한다.
	테누토	음 길이를 충분히 유지한다.

 서로 맞는 것끼리 줄을 이어 보세요.

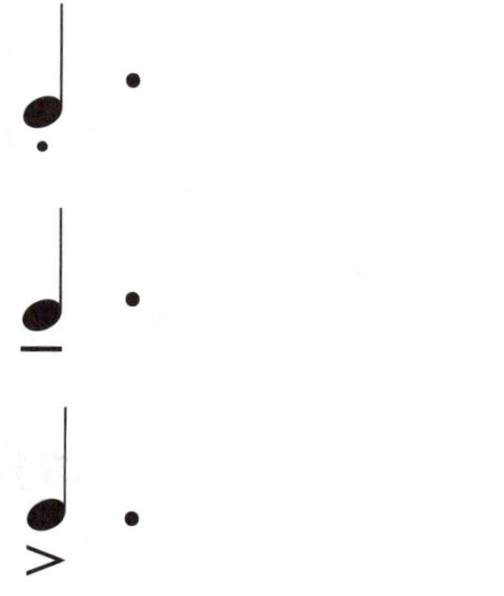

- 테누토

- 스타카토

- 악센트

조표별 손가락 위치와 음계

가장조는 '라(가)' 음을 으뜸음으로 하는 장음계입니다.

 지판 위의 계이름을 따라서 써 보세요.

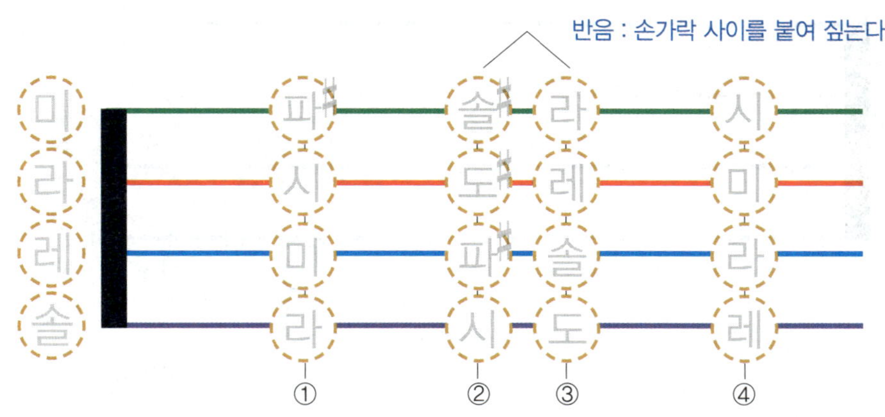

 손가락 번호와 계이름을 쓰고 '라' 줄 음표 머리는 ◗ 색, '미' 줄 음표 머리는 ◗ 색으로 색칠해 보세요. ♯은 파♯, 도♯, 솔♯ 3개가 있어요.

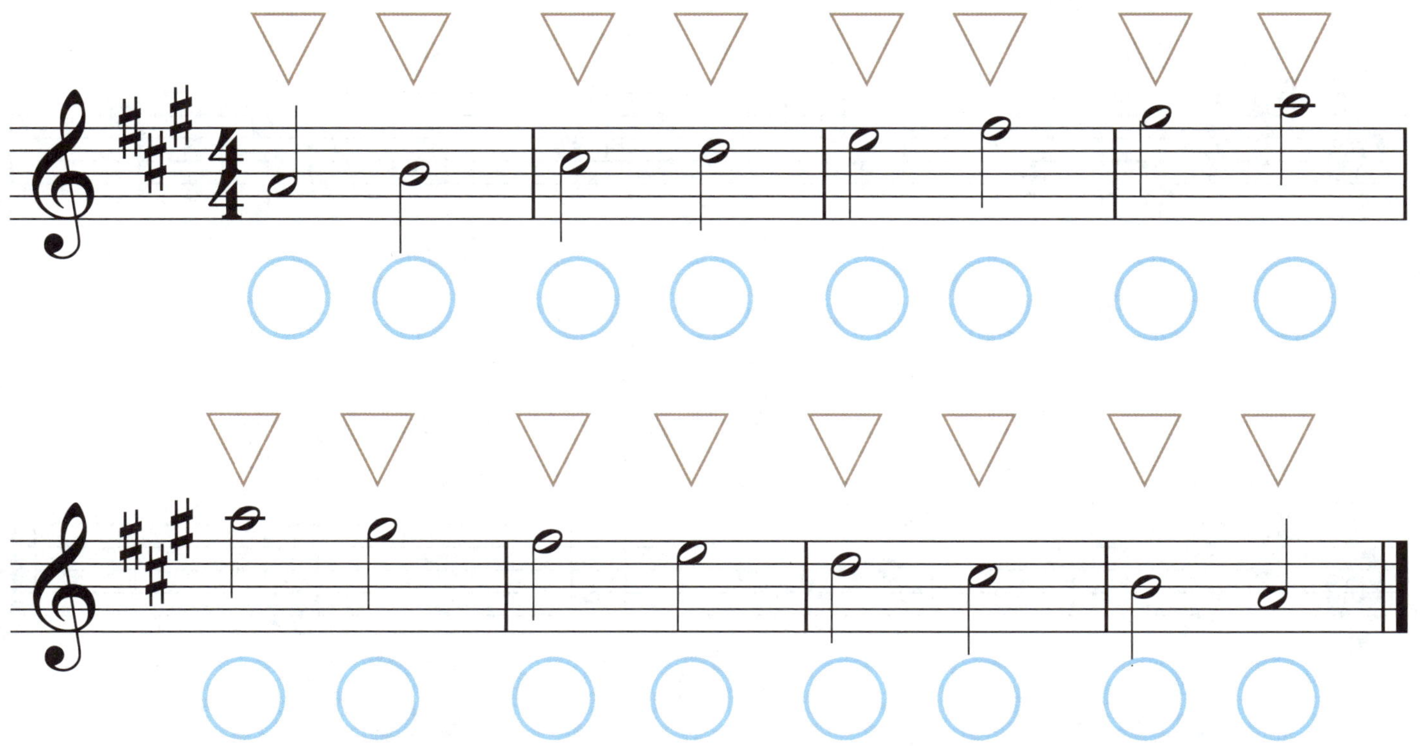

라장조는 '레(라)' 음을 으뜸음으로 하는 장음계입니다.

 지판 위의 계이름을 따라서 써 보세요.

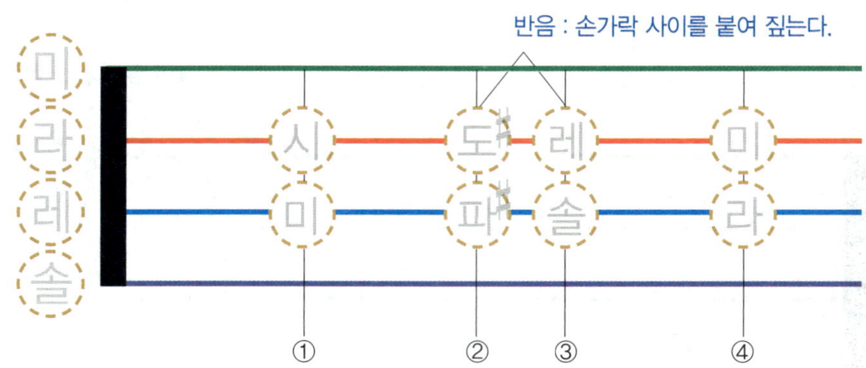

 손가락 번호와 계이름을 쓰고 '라' 줄 음표 머리에는 색, '레' 줄 음표 머리는 색으로 색칠해 보세요. ♯은 파♯, 도♯, 2개가 있어요.

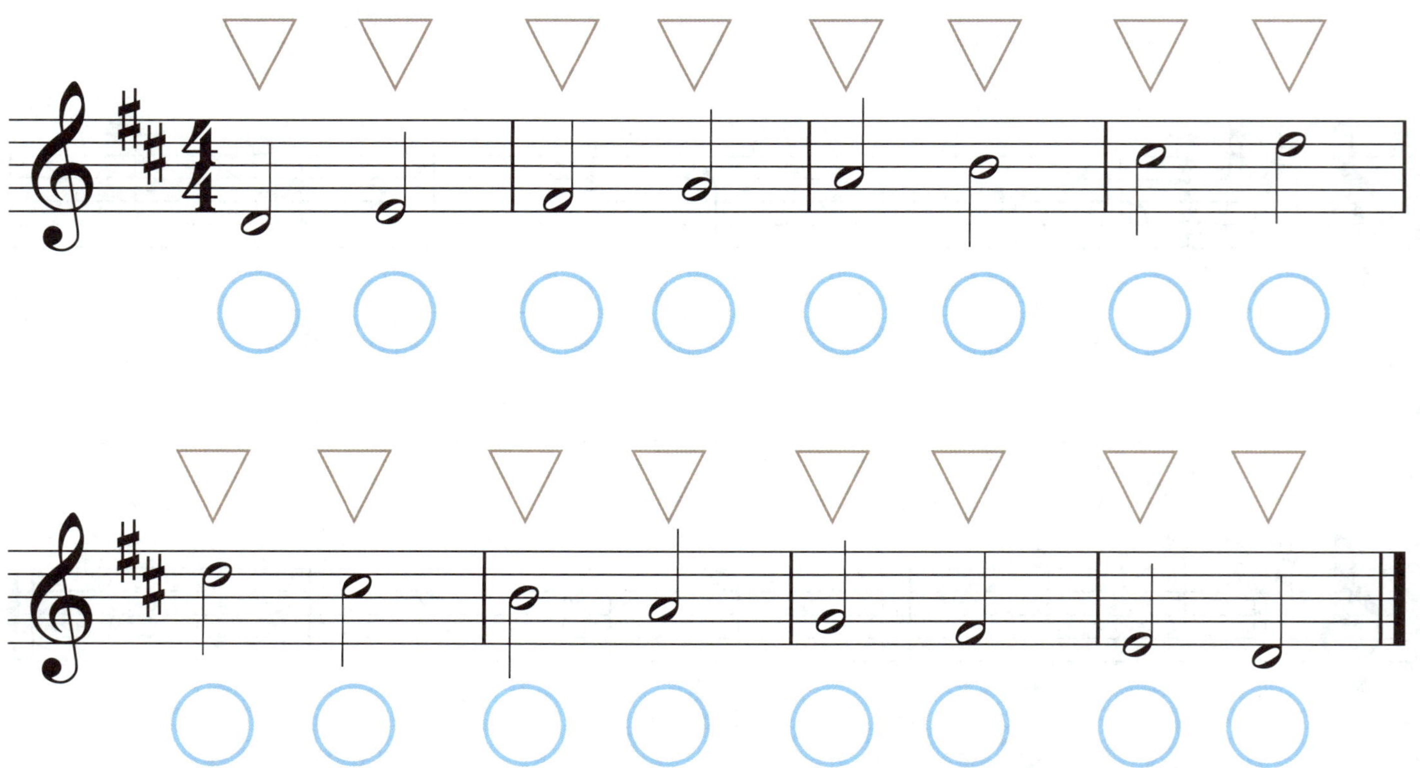

사장조에 해당되는 계이름을 따라서 써 보세요.

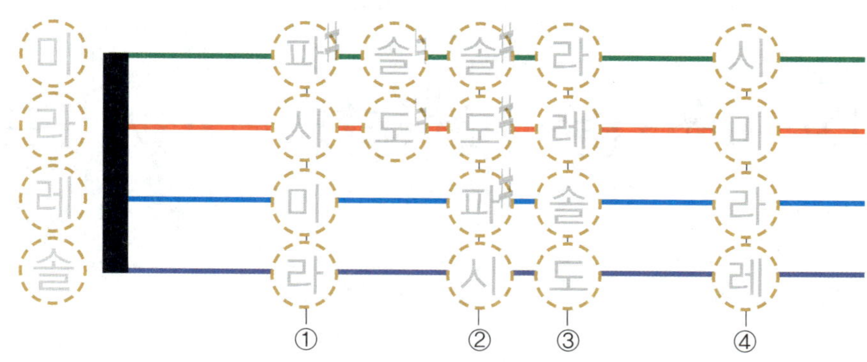

사장조 음계

손가락 번호와 계이름을 쓰고 '솔' 줄 음표 머리는 ● 색, '레' 줄 음표 머리는 ● 색, '라' 줄 음표 머리는 ● 색, '미' 줄 음표 머리는 ● 색으로 색칠해 보세요.

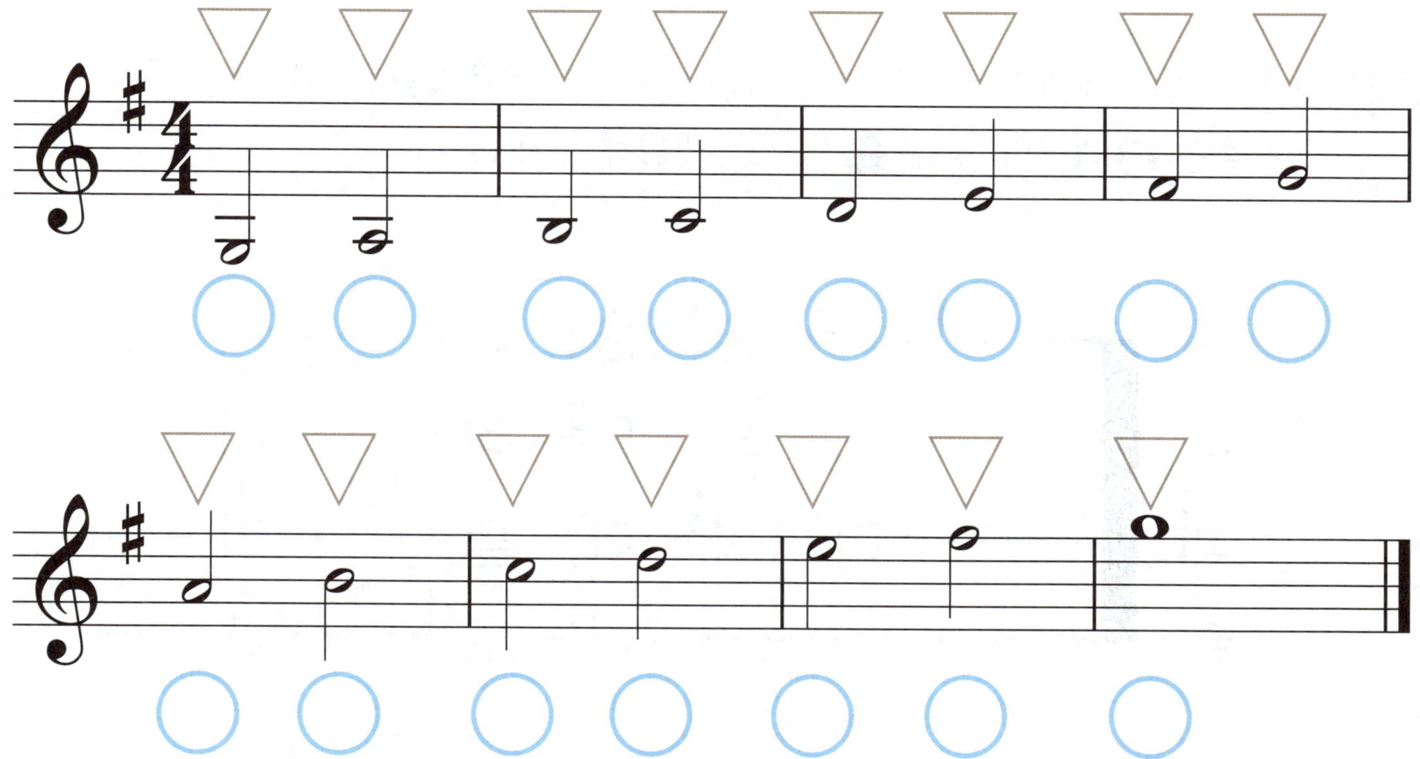

'미' 줄에서 새로운 음 '도'를 따라서 그리고, 계이름과 손가락 번호를 쓰세요.

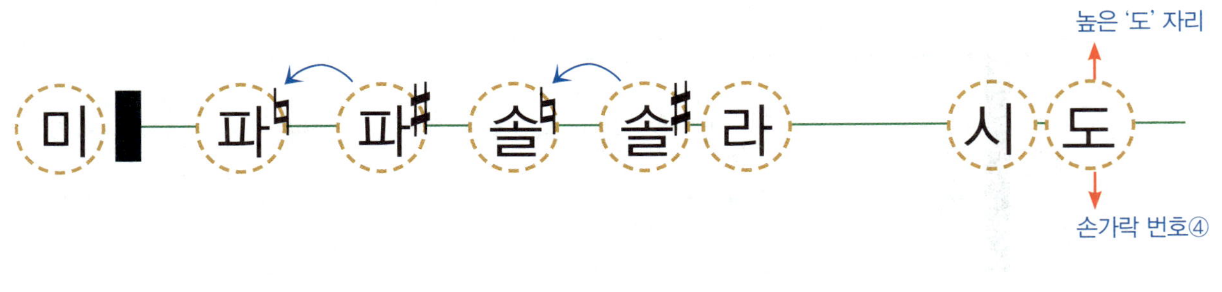

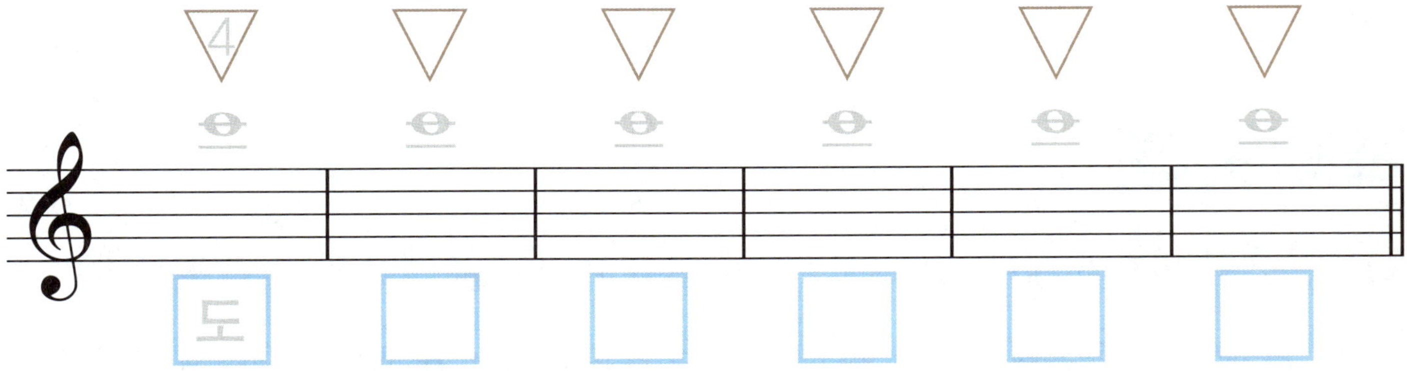

손가락 위치에서 다장조에 해당되는 음계 '솔' 줄은 ●색, '레' 줄은 ●색, '라' 줄은 ●색, '미' 줄은 ●색으로 색칠해 보세요.

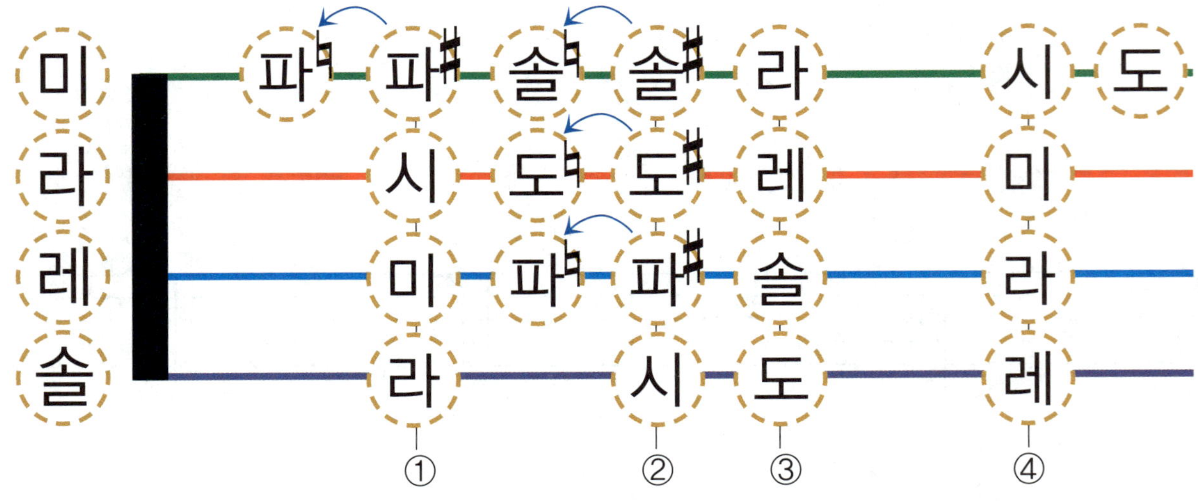

 **다장조 음계**

손가락 번호와 계이름을 쓰고 '솔' 줄 음표 머리는 ⬤ 색, '레' 줄 음표 머리는 ⬤ 색, '라' 줄 음표 머리는 ⬤ 색, '미' 줄 음표 머리는 ⬤ 색으로 색칠해 보세요.

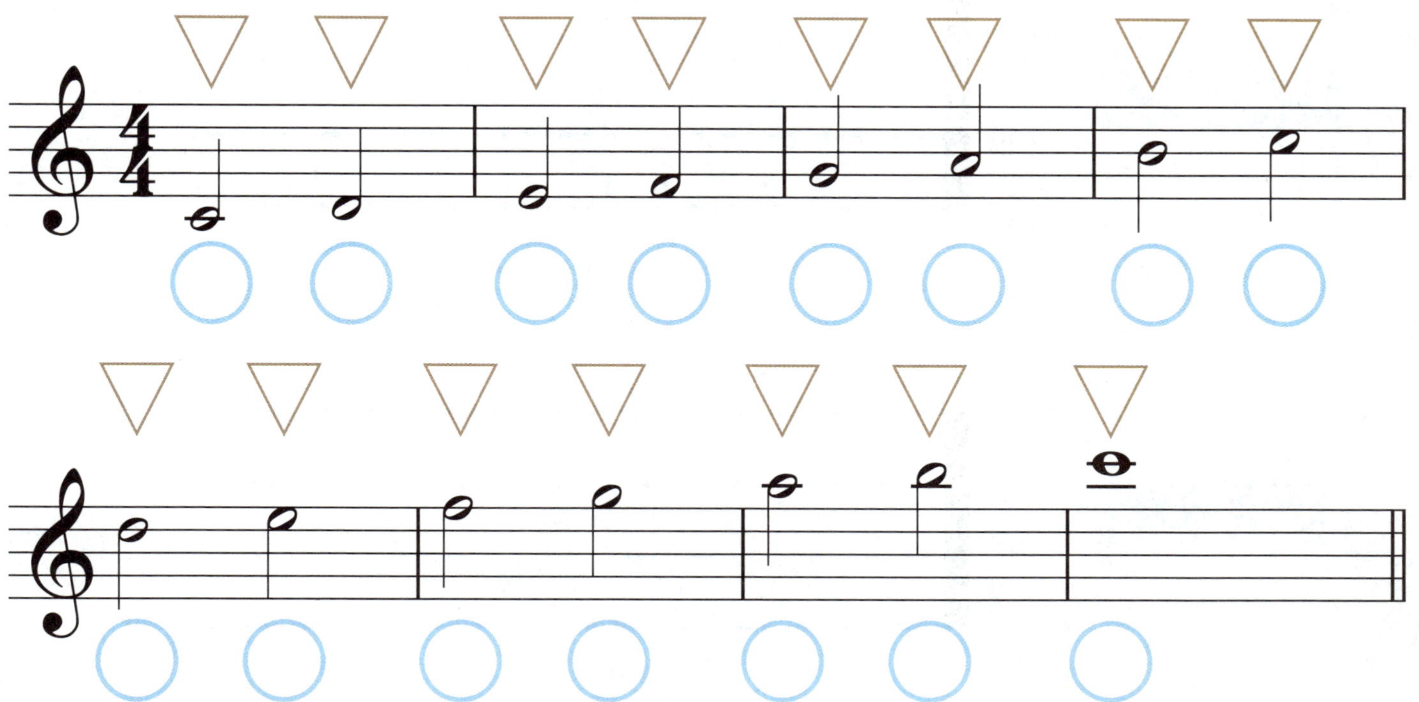

 다장조 음계의 손가락 번호와 계이름을 써 보세요.

조성별 손가락 위치와 음계 종합 공부

지판 위의 ◯ 안에 계이름을 써 보세요.

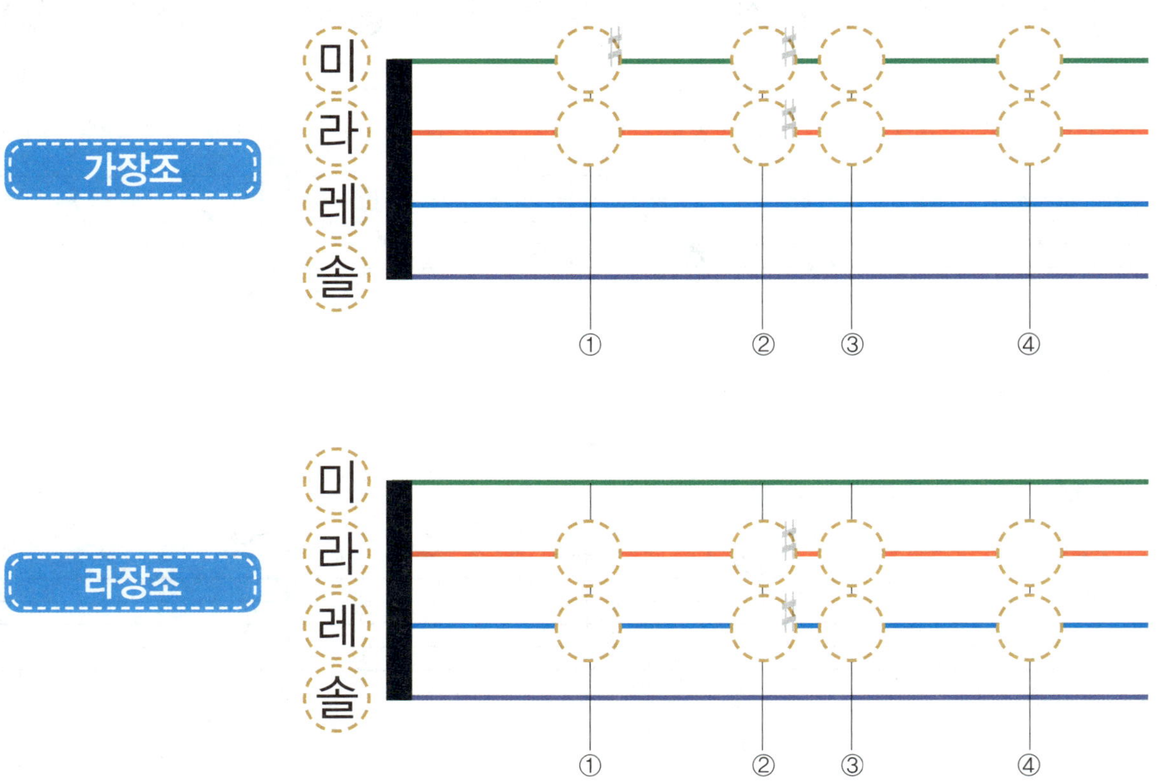

계이름과 손가락 번호를 써 보세요.

사장조

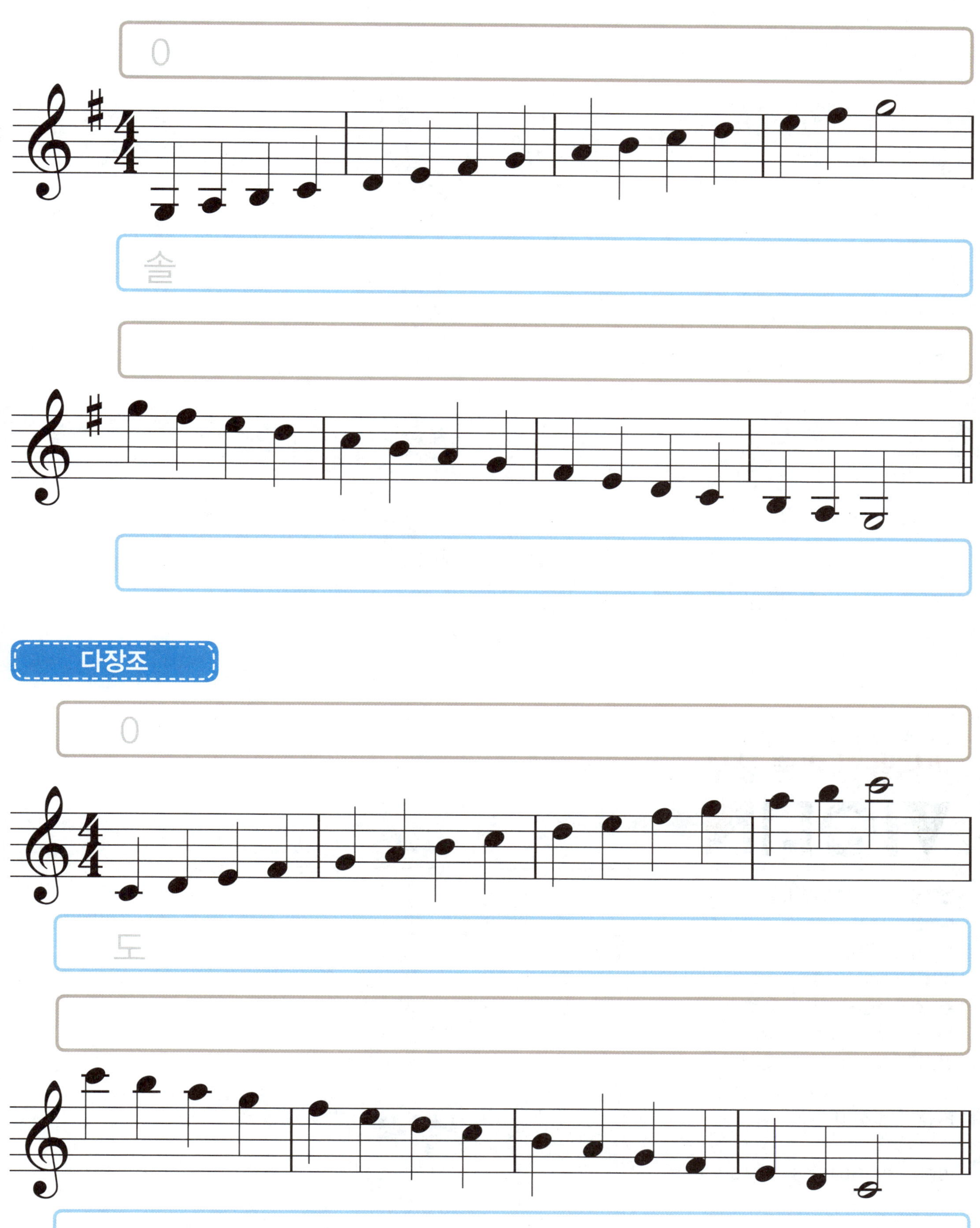
솔
다장조
도
사장조

쉽고 재미있는 바이올린 기초 이론

바이올린 이론 공부

VIOLIN

발행일	2024년 04월 10일
발행인	남 용
편저자	김동수
발행처	일신서적출판사
주 소	서울시 마포구 독막로 31길 7
등 록	1969년 9월 12일(No. 10-70)
전 화	(02) 703-3001~5(영업부)
	(02) 703-3006~8(편집부)
F A X	(02) 703-3009
ISBN	978-89-366-2871-0 93670